※ 旅途的開始

東風再起時

我半世紀的
美國學術與
文化之旅

West meets East:
50 Years of My American Journey in
Academia and Cultures

By Edwin Pak-wah Leung

梁伯華 著

鳴 謝
Acknowledgments

本書的出版承蒙以下熱心朋友贊助支持：

殷巧兒：聯合書院校董會主席、香港中文大學校董、校友會榮譽會長、中大榮譽院士

李國忠：聯合書院校董會副主席、基金會副主席、校友會會長、中大校董

何萬森：聯合書院校董、基金會副主席、校友會副會長、中大榮譽院士

林偉雄：中大校友評議會主席、中大校董、聯合書院校董、中大（深圳）校董、校友會副主席

特此鳴謝

並賀香港中文大學聯合書院 2021 年 65 週年院慶

2020 年 8 月 17 日

卷首語：
東風再起時

Foreword: West meets East

　　本書的作者是在香港土生土長的梁伯華教授，他在香港接受教育至大學畢業，再赴美國留學，獲博士學位後在彼邦的大學教學長達半個世紀。本書是他在退休後撰寫的回憶錄，以自傳的形式記載及描述他在美國學術與文化界所走過的道路，與讀者分享他的成長經歷及成功的過程與心得，全書極富教育性與趣味性，讀者可從以下四個角度來細味及欣賞本書。

　　從作者個人的角度，本書以自傳形式詳細記述他赴美前後的教育體驗及感受，與及他在美國長達半個世紀的所見所聞及累積的心得，並見證他在多元文化及多族裔的環境中努力成長及取得成功的經驗。梁教授在事業上奮力攀向高峰，屢獲頒耀眼的獎項及名銜，為華人在海外爭光，更著書三十多本，在學術界綻放光芒。但在外努力之餘，他仍心繫香港及祖國，經常回來講學及進行交流，他的成就，可以作為後學的勵志對象及典範，所以本書除了是作者的自傳之外，也

是一本勵志的書，書中還有敘述他的家庭生活及他對人對事的感恩之心。

從學術的專業角度看，本書也是一本難得的學人傳記，因為書中除了述說梁教授的學術活動及研究成果之外，也記載了與他有密切關係的多位著名海內外權威學者。老師輩如：徐中約、戴康德（Alexander DeConde）、李定一、王德昭；同事輩如：吳經熊、祖炳民、王方宇、德范克（John DeFrancis）、馬幾道（Gilbert Mattos）及蒲百瑞（Barry Blakeley）等人。他們為弘揚中國語言文化做了大量工作及貢獻，但他們的故事卻不大為人所知，本書對他們較為詳細的記敘填補了一些在中美學術與文化交流史上的空白，並為讀者將他們的故事娓娓道來。所以本書也不啻是一本饒有趣味的大師級學人傳記。

在象牙塔內努力工作之外，作者也心存回饋社會之心，多年來大量投入服務社會上各文化及學術與專業團體，並透過這些團體作為橋樑，大力鼓吹及促進中西文化的交流及人類的互助與關愛。除了幫助留學生、擔任海外學長及發表社會服務性質的演講外，書中也記述了他服務過的眾多團體如：海外香港協會中華文化研究基金、中美基金會、李文斯頓中文學校及華人協會、新澤西州抗日戰爭史實維護會、美華專業人士協會、新州中國日、紐約海外華人新文化運動協會等。他投入社會並熱心服務，帶給他內心無比的滿足感，而當中的苦與樂，在書中也有詳細描述。

除了個人、大學及社區之外，作者更是心繫及放眼世界，書中記載了他致力鼓吹世界各民族及文化之間的平等與關愛的精神，促進中外文化的交流及世界的和平。作者深信，中華文化的大同及兼愛思想若廣被海外，必會有助增進世界上民族文化之間的互相了解、交流與互動，減少世人的摩擦與衝突，進而促進世界的和平。東風的再吹起，帶領著世界走向和平、友好及合作的道路，構築成世界互尊互融的文化彩虹聯盟。作者半世紀以來一直努力扮演著文化橋樑的角色去搭橋鋪路，除了出書、發表論文及作公開講座大力鼓吹之外，更多方奔走世界各地、在高校演講及成立交流項目，倡導在全球化的浪潮下世界應邁向國際化的互信及互助道路。他竭盡所能去傳播大愛及和平的理念，努力貫徹他信守一生的夢想與使命，相信讀者會從本書中得到一些逐夢的靈感與激勵！

自序

Preface

2020 年，新冠肺炎全球爆發，在疫情肆虐期間，我剛好結束了四十多年在美國大學教學的工作退休下來，在「無案牘之勞形」下避疫在家，專心把《東風再起時：我半世紀的美國學術與文化之旅》的書稿完成，心裏也放下了一塊大石頭。

這本書的內容記述了我大半生為了興趣及理想的追求與實踐所走過的道路，從在香港長大及接受教育，到出洋留學尋師問道，以至在美國致力弘揚中華文化及促進中西文化交流的工作，以及在大學教學長達半個世紀的教學生涯，其中的點點滴滴，都會在書中出現，坦誠地與大家分享。

書名定為《東風再起時：我半世紀的美國學術與文化之旅》，是希望用它來揭示中華文化在海外的再被重視及傳揚，在全球化及文化多元化的浪潮下，中華文化與西方文化緊密地交接及互動，從「西學東漸」到「中學西傳」的雙向發展，在中美學者及文化界人士的努力宣揚及大力鼓吹下，促進並加劇了中西文化的交流與融合，努力攜手向著為世界的文化和平共處與各民族團結的目標邁進，而《東風再起時：我半世紀的美

國學術與文化之旅》這書名的寓意，便成為了貫穿全書的背景主題。

在書中我描述了：（1）在香港長大及求學的經驗，包括在美國的留學生活及在學術與文化上所面對的衝擊與作出的適應；（2）在美國長期的教學與學術活動；（3）與文化及教育界中人並肩攜手合作，在海外弘揚中華文化的種種事跡及活動；（4）我致力於中美教育與文化互動的工作；（5）協助中美高校邁向全球化與國際交流，促進中西文化與教育的合作。可以說，這書是一本為記錄我大半生的學術與文化之旅及為見證我成長經驗而寫的回憶錄，又由於書中記述了十多位與我關係密切的著名學者，所以也不啻是一本大師級的學人傳記集。

這書雖然不是一本純學術性的著作，但在書中的字裏行間，卻是沉浸著學術與人文的情懷及氛圍，書中的人物，在一手資料的運用及描述下，如像飄然地現身，跨出書外與讀者們熱情握手傾談，共同享受那吹拂著的再起東風、陣陣的書香，以及謙謙儒者的情懷。

書中敘述的人物包括我的四位恩師徐中約、戴康德、王德昭及李定一教授，還特別介紹了我幾位前輩及同輩同事吳經熊、祖炳民、王方宇、德范克、馬幾道及蒲百瑞諸教授。他們在學術界享有國際級的聲譽，也為「中學西傳」及中美教育與文化交流的理念貢獻了不少的心力，所以我希望能藉著本書將他們介紹給更多的華人讀者，也為這段幾乎是空白的歷史作一

點填補及交待，並將我半世紀以來實踐理想的經驗及心得與大家分享。

在這裏我要特別感謝兩位在美國的恩師，他們在我旅途開始時所給予的啟發及指引，猶如一盞明燈為我照亮及開路。他們是多年前我在加州唸研究院時師承的兩位國際級外交史權威學者徐中約教授（Immanuel C.Y. Hsu）及戴康德教授（Alexander DeConde），他們分別在中國外交史及美國外交史的範疇上學有專精，著作等身，也是我的博士及碩士導師。從他們那裏，我除了學到研究外交史的學問及方法外，更重要的得著，是認識到在研究國際關係上，除了要在外交層次上作探討，更要兼顧文化與教育的層次。

我認為，外交的手段，雖然可以暫時化解一些國與國之間的矛盾及衝突，維護短暫的和平，這固然是重要的，我稱之為「微觀的和平」。但要尋求世界上長遠而真正的和平，為人類謀福祉，就一定要通過文化與教育交流的方法入手，讓不同的民族與文化之間增進認識及了解，互相尊重及欣賞，提高人民的文明意識，進而改善人類對和諧與和平的渴望及訴求，達到世界上長久的和平，我稱之為「宏觀的和平」。我深信，人類的文明是因文化交流而多彩，因互鑒而豐富，追求和平與融合，成為了全人類渴望及追求的目標，也成為了我個人終身追求的理想及抱負。

在撰寫本書的過程中，我發覺要將浩如煙海的數十載前塵

往事梳理及記錄起來，並不是一件容易的事。有些事情，在經歷逾半世紀時光的不斷沖擦後，印象或已褪色及模糊，靠回憶及不全的資料未必能如願地精準記錄下來，書中如有任何錯漏之處，懇請大雅君子不吝賜正，為感。

在撰寫本書期間，年紀老邁的母親以九十三歲高齡不幸辭世，她的離去，對我恍如晴天霹靂，令我肝腸寸斷，傷心不已，收拾起心情之餘，決心將悲慟化為力量，奮力完成這書來紀念她，及感謝雙親早年養育及教導的深恩。同時，也要感謝內子張德華（Vera）四十多年來的照顧及相伴，以及兒媳經常給予我不少精神上的支持與快樂，他們並一起幫忙整理本書所用的照片及資料。又一位早期的學生邢璐（Luh Nelson）在普大退休後也熱心幫忙打字及校對，同事陳東東教授審閱部分書稿，謹在此向他們致謝。此外，更要特別感謝香港中文大學名譽院士及聯合書院校董何萬森先生及其他三位校董殷巧兒女士、李國忠先生及林偉雄先生贊助本書的出版，他們的厚義隆情，令我銘感於心，特表深切謝意。

在書稿付梓之際，我也正屆七十之齡，回首過去我在這條悠長的學術與文化的旅途上逐夢多年，除了教學與行政及服務的工作之外，也筆耕不輟，出版了三十多本中英文著作，並在海內外致力弘揚中華文化及鼓吹世界和平與文化交流，同時教育了成千上萬散佈在世界各地的門生，可說是桃李遍天下。感恩我一生的夢想成真，夙願得償，此生已是無憾，然而我的旅

途尚未能完結，因為人類互尊互愛與多元文化和平共存的理想仍未實現，而且前路漫浩浩，我們尚需繼續同心戮力去爭取，以求成功。也寄望我的桃李及同一夢想的人在世界上大力撒播和平的種子，將大愛灑向人間，共同為人類謀福祉，是所至盼。是為序。

梁伯華

Edwin Pak-wah Leung

於美國新澤西州 Roseland 鎮

2020 年 8 月 21 日

目錄
Contents

※ 接受艾麗斯島榮譽勳章時攝於紐約自由女神像前

※ 榮休時在大學辦公室接受訪問，旁為部分著作。

※ 在三軍儀仗隊迎迓下踏紅地毯進入典禮會場接
受勳章

※ 獲頒艾麗斯島榮譽勳章後接受祝賀

※ 榮獲艾麗斯島（自由女神）榮譽勳章的官方照片

※　榮獲香港中文大學聯合書院頒發金禧傑出校友獎

※　獲香港中文大學選為金禧「世界傑出中
大人」，與副校長許敬文教授合照留念。

※ 任西東大學教
授的校方照片

※ 獲西東大學頒發「傑出風雲研
究教授獎」，與校長 Gabriel
Esteban 及院長 Joan Guetti
合照。

※ 獲西東大學署理副校長 Peter Ahr 頒發傑出研究獎金

※ 獲頒「亞美卓越成就獎」（AAAA Award），與頒獎
嘉賓新澤西州州長 Jim Florio 合照留念。

※ 獲時任新澤西州州長 Christie Whitman 邀請訪問官邸

※　獲武漢大學頒授客座教授名銜殊榮

※　與香港兩位前任特首董建華及曾蔭權在香港中文大
　　學相見歡，中為名譽院士何萬森校董。

※ 97回歸前中國國務院及預委會代表團訪問紐約，與
旅美港人及中大校友晤面並合照。（我在後排右五）

※ 香港中文大學校長李國章教授訪問紐約與中大校友共
聚合照

※ 與中國外交史及近代史權威恩師徐中約教授
（Immanuel C. Y. Hsu）合照

※ 與中國近代史權威及耶魯大學教授史景遷
（Jonathan Spence）同台演講合照

※ 與中國近代史權威及
哈佛大學教授孔飛力
（Philip Kuhn）在會議
上合照

※ 與現代中國研究專家及
普林斯頓大學教授白霖
（Lynn White Ⅲ）合
照，時同訪問香港大學。

※ 在北京與中國國內的近
代史研究專家學者共聚
於學術會議上，旁為好
友及著名教授蕭致治及
王慶成。

※ 獲邀訪問台灣中央研究院近代史研究所，與該所研究員陳三井、張壽安及張淑雅等人合照。

※ 與中國近代史權威及華中師範大學校長章開沅教授合照

※ 與近代亞洲史專家及武漢大學副校長胡德坤教授合照

※　在香港中文大學邵逸夫堂作公開演講，並獲
　聯合書院頒發金禧傑出校友獎。

※　與著名文學家余光中教授合攝於學術會議上

※　在廣州極為享譽的「嶺南大論壇」上作公開
　　演講

※　在台灣中央研究院參加國際學術研討會

※　在紐約哥倫比亞大學出席紀念抗戰勝利國際學術研討會，與國內學者張海鵬及楊奎松等人合照留念。

※　在北京清華大學參加國際學術會議，與國內及國際知名專家學者合照。（我在前排左五）

※ 出任香港大學訪問
教授時攝於陸佑堂
辦公室

※ 出任香港中文大學
訪問學者時與歷史
系教授梁元生、劉
義章及張學明合照。

※ 獲邀在北京清華
大學演講後與法
學院院長王振民
合照

※ 安排西東大學與武漢大學在我校續簽教授互派計劃
（中為兩校校長）

※ 中國電視攝製隊來美為我作專訪，與我校校長 Robert
Sheeran 合照留念。

※　在我校舉辦新春晚會後與中美表演學生合照

※　在大學畢業典禮上代表校方頒發學位給畢業研究生

※　帶領美國學生訪華，在萬里長城合照留念。

※　在大學與研究生作小組討論

※ 喜獲新澤西州州政府頒發卓
越成就及長期貢獻褒揚狀

※ 準備太太張德華的國畫作品
給大學作公開展覽

※ 婚後回香港與家人歡宴合照留念

※ 早年與妻兒合攝的家庭照

※　攝於兒媳在紐約中央公園法式宴會廳舉行的婚宴上

※　在大學為我而設的榮休晚宴上接受家人祝賀

第一章 .... 大時代下的
香港與我

第一節　幼年時我的家庭與教育

在 20 世紀 50 年代，我在香港土生土長度過童年。

那時候香港的經濟還沒有起飛，加上有不少新移民因國共內戰及政權交替從內地湧進，無論是就業或消費都是十分困難，而社會的承受力有限，因此普通百姓的生活大多是僅足餬口而已。

與一般人相比，我一家比較幸運。父親梁裕僚在中環鬧區開了一家鐘錶店，售賣及修理鐘錶，生意還算不錯，因此家中雖然人口眾多，父母、祖母及九名子女，食指浩繁，但我的記憶中，家中的生活在父母的拼搏下尚能在平穩中安然度過，子女們幸福地在雙親的呵護下健康成長。

我的童年雖然沒有任我揮霍的零用錢，亦沒有傭人任我支配，但生活可說是在無風浪中度過。與 20 世紀在中國的大時代成長的人相比，我不曾經歷革命運動，也避過了日本侵華的浩劫及國共內戰，亦沒有經歷過後來在中國發生的文化大革命。因此，我可說是在香港度過了一個安定而愉快的童年。

我的父親是家庭生活的支柱，與母親李瑞興共同努力為子女供書教學，提供平穩的生活。父親是一個不折不扣的誠實商人，也是一個在香港土生土長的「香港仔」。即使是在抗戰困難時候，父親也有一些營商頭腦，上過一些訪港的郵輪上做

※ 永遠懷念的父母親早年照片

外國遊客的生意，也因而建立起生意的網絡。我還記得兒時在家中牆上掛著一幅當時全球最大的「伊莉莎白皇后」號郵輪的大照片。父親年青時的照片也是西裝筆挺，頗有時代感。

父親一生中經歷過兩次婚姻，我的媽媽是他的第二任妻子。我不曾見過「大媽」，她在日本侵華時因香港醫藥配給不足而患病，在缺乏藥物治療下迴天乏術，很年輕（二十三歲）便離開人間，遺下一個女兒（即我的姐姐）。聽說尚有另一個女兒，也是因醫藥不足去世，父親每說起這件事便難過，對日本侵華的暴行更是切齒痛恨，但卻又是無可奈何，這真是大時代的悲劇！

父親雖然在香港出生，但對原籍的家鄉卻有著濃厚的鄉土情。在 50 至 60 年代，由於國內的變化，父親不曾踏足家鄉，但卻不斷匯錢回鄉幫助一些遠親，後來更在鄉中蓋建了一棟全鄉最高的祖屋讓遠親居住，受到村人的尊敬。到了 70 年代末期，我才有機會與父親首次回鄉探親，但不幸也是和他最後一次回鄉。

　　我的家鄉是在廣東省南海縣西樵山不遠處的一個村莊太平鄉，南海是維新派領袖康有為的故鄉，西樵是武術宗師黃飛鴻的出生地。以中國農村的水平來說，太平算是一個頗為富庶的鄉村，但我父親這一代在香港出生，所以故鄉中已無近親，但遠親卻是頗多，而且都認識我的父親，凡鄉中有些什麼事情及需要，都會來信相告，父母親通常都盡量幫忙，所以故鄉的事，我們都知之甚詳。

　　至於家鄉的祖先來自中國何處，有說是數百年前從江西省經朱磯巷遷徙到廣東，也有專家說梁姓的祖先都是來自陝西的韓城，是商周時代梁國的後人，但這些說法我都無法考查，特別是在 50 年代初期內地土改時將家鄉的族譜全部燒掉，因此現在更是無法稽考了。

　　自從文化大革命塵埃落定及改革開放政策實施以來，中國社會發展比先前穩定，父親也開始回故鄉探訪。也許是鄉土情結的影響，年紀漸老的父親也有落葉歸根的想法，並開始帶著子女及孫輩回鄉走走，希望我們能認識及不要忘記我

們的根。可惜他的健康卻已是大不如前，經常要住進醫院，在他彌留之際，我在一個月內從美國三度趕回香港想見他最後一面，而他終於在 1987 年 1 月 21 日病逝於香港的港中醫院，令我悲慟不已。

父親影響我最深的是他那誠實及負責任的性格。我的記憶中，父親總是踏踏實實地去做人，從來不說花言巧語，也不願意冒太大的風險，但求平穩，以不影響家庭的安定為重。他每天辛勤工作，無非希望子女能夠成材，而他對子女們教育的要求，亦是十分嚴謹，以致我們童年時讀書從不敢鬆懈，而我們的表現也可算令他告慰：二哥百忠在香港大學畢業後便一直在香港政府部門工作，後晉升至高官職位；幼妹惠娟也是港大畢業，從事教學並開創她的教育事業；弟弟伯強留學澳洲後回港任工程師，並曾參與「東區走廊」等大型建設項目；二妹慧芬亦留學澳洲並攻讀博士學位，回港後在醫學界發展，現已移民澳洲；其他的不是出嫁從夫便是有自己喜歡的工作，大家都是安分守己，沒有辜負父母的期望。他們的名字依次為惠珍、伯文、慧珠、蕙英。

父親對子女們的栽培及要求，我銘記於心，也以此為榜樣，來教育我的下一代。遺憾的是，自我四十多年前留學美國以來，由於教學工作的關係，便一直長居太平洋的另一岸，因此陪伴父親的時間甚少。雖然我已盡量多回香港看望父母親，但總不能洗脫我的內疚，想起父親的一生，令我有

※ 幼時的全家福照（我在前排中）

很大的感觸。也許從世俗的眼光來看，父親過的是平凡的一生，寂寂無名，沒有耀眼而巨大的燦爛，他只是默默地耕耘，做他分內應做的工作，然而他的誠懇及那份責任感，卻堪為很多人的榜樣。想起朱自清寫的散文〈背影〉，父親的身影，彷彿中又忽然在我的眼前浮現……

在記憶中，童年時候的我，對母親的感覺可說是既敬愛、又敬畏。

母親對子女的愛，真可說是無微不至，盡心盡力去照顧她的子女。那時香港並未有家庭計劃指導會，因此大部分的家庭都是兒女眾多，食指浩繁，教養不易。

由於戰亂原因，社會動盪，母親並沒有接受太多的教育，然而也是這樣，更顯得出她眼光的獨到及處事的圓滑手段與魄力。如果說「女子無才便是德」，那我母親肯定不屬於這一類女子。有時候我也覺得奇怪，一個接受教育不深的女性，究竟何來這般銳利的觸覺及敏捷的思維與決斷力？是不是與生俱來的呢？

事實上，如果我童年的記憶沒有錯的話，家中大部分投資、買房及重要決定，都是由母親拍板，有時候父親也有異議，但從後來發展的結果看，卻可證明還是母親眼光獨到。要不是因為要照顧家中眾多子女，母親可能會搖身一變成為女企業家，因為從現代的眼光來看，她的確具備了企業家的一些本領，或女強人的魄力，而且有成熟的感情智能，使別人可以接受她。

即使到了長大後，我在母親面前仍然有一種敬畏感，更何況是在童年的時候呢！我們兄弟姐妹對她既敬愛又敬畏，生怕我們的表現不能滿足她對我們的期望。

與父親一樣，母親對我們在教育上的期望及要求十分高，也許她因生不逢時，在戰亂中沒有機會接受高深教育，造成後來的種種挫折及不便，因此她希望我們能盡量多唸一點書，以後能出人頭地，而為了我們的教育，她會不惜犧牲一切，所以我們對她都有著無比的感激。

我覺得自我去了美國之後，反而與母親的關係更為親近。也許是因為當子女們長大以後，她才能有一些喘氣及自處的空間，也許是因為我在電話及書信中更能告訴她的心事，而母親亦經常可以給我很多令人信服及有智慧的意見。

我過去每年都會回香港與母親生活一兩個月的時間，每天都會與她一起「嘆早茶」，因此傾談得更多，也會盡量陪她往內地或出國旅行，她也很珍惜與我在一起的時間。可惜在她九十三歲時卻因久病未癒而終於在 2020 年 6 月 21 日離開我們，令我肝腸寸斷，傷心不已。我深深地覺得，世界上那裏還有什麼東西比母子的親情更珍貴？而現在留下的，是對她永遠的懷念。

在香港的童年舊事，確實令我難以忘記，50 年代的香港，與今天的情況著實不一樣，我的童年，就是生活在這段時間當中。

記憶中，兒時我家是住在中環，離父親的鐘錶店不遠處一幢頗為寬闊的唐樓的二樓，這房子樓面高，走廊又長，而最有特色的，是屋前的一個花圃，種滿種種不同的花朵。我記得最清楚的，就是白蘭花的花香，當花開時，真可說是滿室皆香，而到今天，我仍對白蘭花有著一種難以言喻的感情及喜愛。

　　在眾孫輩中，祖母對我最為疼愛，說我聽話及乖巧，因此對我頗為偏心溺愛，當然這是孩提時代的事，特別是她在我六歲時便因病去世，因此我對她的印象，亦不算深刻，但奇怪的是，我對她的容貌，仍歷歷在目，歷久不散！

　　童年舊事中，有幾則牽涉到當時香港的治安而又與我有關的，使我留有深刻印象並對日後造成影響，在這裏不妨一記。

　　有一次，母親著我往雜貨店買一些東西，當時，我拿著幾塊錢的零錢，在手中玩弄，邊行邊逛，沒想到一個不留神，一個十多二十歲的大男孩一手搶去我的零錢，便發足狂奔。我被他這舉動嚇呆了，但是不過一刻，心中卻又填滿了無比的憤怒，可能是對被搶一事心有不甘，於是發力去追趕這個比我起碼大十歲的不法份子。當然，我沒能追得上，回到家裏，只好倒在母親的懷裏大哭，母親卻安慰我，說我不應去冒生命的危險，我也不禁破涕為笑。

　　又有一次，也記不起是什麼原因，爸爸送我一枝「派克」

牌鋼筆，我滿心歡喜，把它插在襯衣的衣袋上，便趕著回校上課去。在路上，不知怎的，一個穿著唐裝、「仙風道骨」的男子無緣無故地撞我一下，對這個突如其來的舉動，我心中正覺得奇怪，還沒來得及回應，他已揚長而去。我下意識地往衣袋裏一摸，「派克」筆卻已不翼而飛，我還以為是撞跌在地上，但是遍找不獲，心中再想：這位「道友」（吸毒者）可能就是偷筆人，於是，我立即四處去尋找這個人，終於在幾個街口外的地方找到他，而問也不問，就往他的唐裝衣袋裏一探，赫然「派克」筆就在裏面，這位「道友」也給我這個舉動嚇呆了。後來放學回到家裏，將故事告訴母親，母親又再笑我空有傻勁而不考慮後果。

還有一次，我在離家不遠處的兵頭花園（植物公園）內看書，因那裏有一棵飄著花香的白蘭樹吸引著我，在埋首看書之際，竟然有一位十多歲的「飛仔」（太保）拿著刀子向我要錢，我本能地將書向他一扔，發足狂奔，他好像也沒敢追來。

回想起這些往事也覺得可笑，但這些都是我童年時代的「英雄」事跡！但在「英雄」事跡的背後，卻已在我幼小的心靈上，隱隱地埋藏著一種抗拒非和諧及非和平的做事方式的意願，更種下在日後爆發出的一團團渴求。推動人類和諧與和平的烈火，終於一發不可收拾，成為我終生追尋的目標。

從童年到青少年，是成長的歲月，也可說是我相當無知的年代。

與現在的香港青少年相比，那時候的我，真是單純得可以。除了圍繞著學校及家中發生的事情，我也想不起有些什麼別的故事。與那些青少年時代已是**轟轟**烈烈的人物相比，我當然是大嘆不如。但是這種單純也有好處，起碼可以使我專心於學校的功課上，當然這也是與我父母不斷的督促有關。

　　我的啟蒙學校，是一所私人辦的幼兒園，校名好像是春秋幼稚園，校舍是如何我已一點印象也沒有了，只記得是離我家不遠，可以走路上學而不用坐車的。之所以記得這件事，是因為我家鄰居的一個小女孩，也是在那所幼稚園上學，這位天真無邪的林姓小女孩經常來找我，與我一起上課及下課，她對我實在很好，經常搶著替我做功課，因此被家人取笑地說她做了我的女朋友。現在回想起來，這種兩小無猜的友誼及真情，倒還是值得回味，只是她後來去了另一所小學升學，也搬了家，也就因此斷了音訊。

　　我的小學時代是在一所名叫荷李活道官立小學中度過的。學校的師資嚴謹，我也蠻用心上課，成績可說是中規中矩，而小學升中試放榜時，我也僥倖考進我首選的中學——官立金文泰中學。

　　記得當時報考小學畢業升中試時，由於當年是第一屆的升中試。只考中英數三科，考之前，不少學校在校內先考甄別試，達標者方可派去出考。因為要分派中學學位，所以

※ 在荷李活道官立小學的畢業照（我在第三排右四）

學生要填上心目中的首選、次選、三選等學校的名稱，若所考的成績符合申請學校的要求，便會依所填學校的次序被錄取。當年全港才只有 4,312 人考獲官立、津貼及補助中學的學位，入學很不容易！

　　金文泰中學是當時香港最有名氣的官立中文中學，校名是紀念一位熱愛中國文化的英籍香港總督。我當時為何選中文中學而放棄英文中學，現在已記不起其中原因了，但是回想起來，我真是十分慶幸作了這個決定，因為母語始終是一個最好及最有效的教學媒介，同時也可以打好我的中國語文基礎。

　　但在社會上，由於香港當時仍是英國殖民地，以英語為

唯一官方語言，熟諳英語成為身份地位的象徵，找工作也較容易，很多人因此對中文教育十分排斥。而我就讀的金文泰中學，雖然是中文中學，但校方十分重視英語訓練，學生差不多是在接受中英雙語教育，這樣的學習環境對我日後的發展影響很大。

第二節　少年時代所受的中英雙語教育：金文泰中學

我就讀的官立金文泰中學有著一段非常特殊的歷史及創校背景，而這獨特的校史，也在很大的程度上影響了我在日後以發揚中華文化作為我的終身抱負及使命。

自鴉片戰爭後，香港淪為英國殖民地，英文成為了唯一的官方語言，這對絕大部分都是華裔的香港人來說，無疑是一個諷刺及打擊，特別是在教育制度上重視英文而非港人的母語中文，在教學上，令不少學子們的思維及腦部發展因語言的問題而受到了規限，更遑論他們會接受和認同中華民族及文化。也因為太重視英文而造成學生普遍中文程度低落，當然這也是殖民地教育的一個直接惡果。

在這種情況下，一些有識之士（例如馮平山及周壽臣等人），在上世紀 20 年代，聯名向香港教育當局建議籌辦一所特別中學，採中英學制，使得中文與英文兩者能夠並重，而

這建議也獲教育局接納，一所官立中文中學遂告誕生，開了風氣的先河！

金文泰中學的前身，就是在 1926 年 3 月 1 日成立的官立漢文中學。當時創立漢文中學有三個宗旨：（1）重視中國文化教育，並兼顧實用英文的學習，培養良好青年貢獻社會；（2）培育優秀的中文教師，提升中文學校師資；（3）教養學子，使其能升讀大學，專研中國語文、文學、歷史、哲學等。

就在當時，由英國派來的香港總督卻意外地是一位十分尊重及推許中華文化的金文泰爵士（Sir Cecil Clementi），通國、粵語的他，對這學校的成立十分讚許及支持。而創校校長一職，則由時任漢文視學官李景康兼任。於是，一所用中文教學的中文學校在香港正式成立，而中文及中華文化也就在這個英國殖民地漸漸被重視起來了！

漢文中學在 1941 年冬，由於太平洋戰爭爆發而被迫停辦，到四年後香港重光才復校，次年易名為官立漢文高級中學。1951 年，再改稱為金文泰中學，一方面是為了紀念金文泰爵士於 1925 至 1930 年間出任香港總督，另一方面是彰顯他在教育上的成就。作為英國派來的總督，卻具有精湛的中文造詣，而且在任內又致力提倡漢文教育及推許中華文化，更支持香港大學成立中文學院培訓本地中文教學人材，這是歷任港督所罕見的。

由上可見，金文泰中學的創校，在香港這個英國殖民地，肩負著傳承中國語文的任重而道遠的使命。

　　我在 1962 年秋季，因升中試的評核而考進首選的金文泰中學就讀，並被分配入忠社（全校學生分為文、行、忠、信四個學社），當時才剛十二歲的我，實在說不上對中華文化的提倡有著任何的抱負或使命，但卻深深感到母語教學是教育的根基。在金文泰中學的六年教育（五年中學及一年大學預科）的啟迪及潛移默化，使我漸漸對中華文化產生強烈的認同，到後來，以宣揚中華文化作為我終身抱負的想法亦開始萌芽及茁壯成長。

　　金文泰中學雖名為中文中學，但在香港這個重視英語及國際化的環境裏，卻也是十分重視英語的教育。在校內，英語是一個重要的科目，我就讀時已是如此。我記得當時英語老師給我取了一個英文名叫 Edwin，此名我亦一直沿用至今。其中有兩位英語老師關慧英及陳秀華，教學都十分用心，特別是在英語的文法及應用方面，對我日後裨益很大，也給我奠定了一個良好的英語基礎，大大方便了我日後在美國留學及教學的工作。我那時也努力自學國語，並在老師的鼓勵下立志將來要成為一名大學教授！

　　另一位在金文泰中學對我有深遠影響的老師，是中六的班主任，也是歷史科的老師梁壽安。他是一位年青有為、做事有魄力、對歷史學科及對學生都有著無比熱情的老師。他

在課上對歷史的分析讓我認識到歷史知識對民族文化發展及認同的重要性，受到他的影響，所以在中六（大學預科）畢業後，我考進香港中文大學並決定選擇主修歷史系。

中學時代的我，除了愛讀書之外，還十分喜歡運動，曾參加學校的足球及田徑隊，並代表學校出賽，當時校刊也有報導。中學前後六年的日子是愉快的，每天從中環坐車往北角上學，學校是全日制，所以中午和同學在校外吃學生餐，與鄧慶超、林喜富及陳德恆等同學交往較多。中六同班的楊懷康後來任雜誌社社長，梁怡在中大教學，任學校校長或教師的人數甚多，也有各行各業的菁英，李明逵更做了警務處的「一哥」。我屆的畢業生考入中大的竟佔全班的八成，應該是全港數一數二的佳績了。

自中學畢業後，我曾多次回母校探望，重拾及回憶往日那段歡樂的日子，最近的一次是在一年多前，受到校長、副校長及一眾老師的歡迎，並在大禮堂與大部分學生見面，令我內心歡欣不已，在一位老師及兩位舊日同窗李劍榮及陳啟昌帶領下參觀校園。校舍變化不大，多了一間由另一同窗楊宇杰冠名捐建的綜合活動中心，他和吳自豪更成立「金文泰爵士獎學金」，鼓勵畢業同學繼續升學。此外，校內操場亦煥然一新。

後來，金文泰中學的國內姊妹學校四川北川中學的一個學生代表團來港訪問，在楊宇杰的接待及李劍榮的安排下，地震劫後重建的北川中學學生們在金中與香港的學生敘面及

※ 與官立金文泰中學中六預科同班同學的畢業照，班主
任為梁壽安老師。（我在第三排左四）

交流。我剛巧在港，亦獲邀參加，與中港學生們歡聚一堂及
交談，並觀賞北川學生精彩的歌舞表演。這樣的中港教育與
文化交流，大大促進了年青一代的互相認識及溝通，是十分
值得鼓勵及讚賞的。

　　中學後期的我已是高掛球鞋，可說是一位十分安靜及用
功的學生，所以在中學畢業同學錄上面，給我寫的評語是：
「以讀書求學為己任，個性好靜，沉默寡言。」這倒是那時我
給人的印象，也許那時，我已預知自己將要走上一條較為嚴
肅的教育與學術的道路了。

第三節　香港中文大學的中美特色教育對我的影響

1. 香港中文大學的歷史與傳承中華文化的使命

1968 年，我成功考入香港中文大學就讀，並獲香港政府頒發大學入學成績優異獎學金作獎勵。

香港中文大學在世界大學排行榜上一直名列百強之一，中國國內的尖子學生都爭相申請入讀，因此，中大（國內稱港中大，以別於在廣州的中山大學）的名氣是蜚聲國際的。

成立於 1963 年的中大，在香港只有短短數十年的歷史。它的成立，標誌著中西文化結合，是高校發展史上的一個里程碑，因為中大以「結合傳統與現代、融合中國與西方」為使命，以書院制和中英雙語並重作為該校的特色。誠如前任中大校長沈祖堯教授所言：「香港中文大學是帶著中國的人文精神而創校的。它希望把中國介紹給世界，也把世界介紹給中國，所以是一個中西合璧、古今結合的大學，人文跟科技兼有。」

至於校名「為何取名『中文』大學，就是希望在此研讀的師生，都能對中華文化有所反省和貢獻，進而促進中西文化溝通」，曾任中大校長的金耀基教授如此開宗明義地解釋中大的創校緣由。所以，中大是有著發揚中華文化及促進中西文化交流的使命。

中大的成立，是香港政府應社會對大學畢業生人數的

※ 就讀大學時攝於香港中文大學的火車站前

需求益增，與及有識之士多年來爭取成立中文高等學府的結果。之前香港只有香港大學一所官辦大學，因英國殖民地一向只允許一所高等院校的存在。中大的成立，成為了香港的第二間官辦大學。制度上，中大合併三所已經存在的私立書院（崇基、新亞、聯合書院），以聯邦制組成。現在已擴展至有九間書院了。

中大組成的書院，其成立實緣於內地易幟，大量民國優秀學者逃離內地。由是，中大幾乎雲集了當時全部留港的民國最頂級的大儒及學者。在文科方面，名教授有錢穆、唐君毅、牟宗三、徐復觀、饒宗頤、羅香林等人，後來，中大又羅致了一批有名氣的教授如李定一、王德昭、全漢昇、張德

昌、金耀基、薛壽生等，與及一些客座教授如鄧嗣禹、許倬雲、李歐梵等，使中大在香港以至世界上成為漢學研究的重鎮之一。弘揚中國國粹，推廣與宣揚中華文化到海外，便成為了中大的神聖使命。因此，中大亦被稱為中西學術的「轉運站」（cultural crossroads），而中大坐落的城市香港更是一個中西文化薈萃的國際大都市，是中西文化交流的典範。

我在 1968 年秋季入讀中大的歷史系，時我雖屬於聯合書院，但三院分立只是以行政及管理的功能來區分，學生可選讀任何書院所開設的課程，學位由中大統一頒發，因此我可以修讀或旁聽上面提到的諸位大碩鴻儒及著名教授的課程或演講，在四年大學教育的薰陶下，耳濡目染，因而更強化了我個人對中華文化的認識及認同，並立志投身宣揚中華文化的事業，使中學西傳，加速中西文化的交流及融合，進而促進世界的和平，成為了我日後在海外躬身力行、努力以赴的使命。

我入讀中大時，大學只由三間書院組成，我所屬的聯合書院，坐落在離香港大學不遠處的港島半山區般含道，那時尚未搬入沙田開發中的新址，所以學生都同是走讀生，午飯時同學多相約在校外共餐，增加了聯絡感情的機會。

聯合歷史系我班同學只有十多人，包括黃桂林、黃金志、何焯華、莫錦德、蕭麗明、王冬璇、何慧瑜、許曼儀、陳紹舜、姚蘭、吳惠梨及葉錦玲等，大家互助互勉。之所以

人數不多，因為香港官立大學極少，那時只有港大及中大兩所，入學十分困難，聽說我入學的那年全港的大學入學率才只有百分之一至二（一說是 1.3%），與現時的情況大大不同，所以入讀的學生成績都很不錯，也會努力讀書向上。系中學術活動甚多，並出版歷史刊物，讓師生共同參與，給學生們一個鍛煉與學習的難得機會，擴闊他們對學術的視野之餘，也加強了高低班同學之間的凝聚力及合作性。

我在中大就讀的最後一年聯合校舍搬往新址，我也因此住進沙田的大學宿舍裏，在山明水秀的環境及嚴謹的學術氛圍下，我享受著大學的生活直至畢業。

2. 我的恩師李定一教授

我入讀中大時，聯合書院歷史系系主任是李定一教授。他也是我入學面試時的主考教授。他那充滿特色的宏觀及比較史學教學法，給我在歷史教育上了很重要的第一課。此外，他強調歷史學者應要有「史德」（清代學者章學誠語），更是成為我以後在教學與研究上持以自律的一個規範。

李定一教授是四川銅梁人，早年畢業於西南聯合大學歷史系，後赴歐美進行研究工作，並曾在台灣大學歷史系任教，1963 年赴港，任中大歷史系教授兼文學院院長。他在中國近代史的領域上有著尊崇的地位，曾編輯《中國近代史論叢》多冊，並著有《中國近代史》、《中美早期外交史》、《中

華史綱》、《世界史綱》及《俄羅斯源流考》等書。

嗜吸煙斗的他，上課時以濃濃的四川口音授課，時而高談、時而闊論，內容充滿啟發性，令學生們受益不淺。特別是他喜歡在課後與學生傾談，又或聚餐，都帶給學生們不少的驚喜，我還記得他有一句半帶笑語說的話：「吃東西要慢慢吃才會吃得多」，現在回想起來我才明白，他其實是想有多些時間和學生在一起，所以才說吃東西要慢慢吃。他並成立歷史學會，組織學術討論事宜，又特別鼓勵學生從事歷史寫作，並鼓勵系中出版兩種歷史刊物《史潮》及《歷史學報》，均由學生編輯，老師作顧問，讓學生得到很好的經驗。

李定一教授是一位使學生從不想蹺課的老師，因為他是個敢面對學生的老師，學生把上他的課，當成一種心智上的挑戰，一如他說：「我喜歡在學生的心湖裏，丟幾個小石頭。」但這些小石頭，往往會令學生瞿然驚起而反思，他常用這種方式來刺激學生，要對從來認為當然的事，再做反省。但是，他又訓誡學生說：「所有的推論要證據，所有的結論要有理由」。他要學生用一種冷酷的理性態度評價歷史。上課時，他總把歷史與現實對照著看，分析它們的相似點，指出可能的影響方向，重新思考及反省中國未來的新方向。他曾對人說，他自己的作風是：「以道家之道對己，以儒家忠恕待人，而以法家之術治史」。他的待己、待人及治學的態

※ 中文大學歷史系同學惜別恩師李定一教授（前二排中）

度，正是中華文化的精髓，給學生留下深刻的印象，影響殊深。可惜在我入學一年後的 1969 年，他因事辭職遠赴加拿大，結束了只有一年對我的教誨。他的離職，也使學生們對失去良師而惋惜不已。

李定一教授其後在台灣大學任教多年，我亦有與他保持聯繫。在 1991 年我寄給他一本我的新作《近代中國外交的巨變》，他在同年 11 月 15 日從加拿大多倫多給我回信，感謝我送書給他，並告訴我他已退休：「兩年前赴北京，應清華大學『思想文化研究』之聘短期講學，不幸罹疾，現仍在加休養。健康頗有起色，勿念。」可惜的是，在 2002 年他不幸離世，我至今仍對這位在史學上令我茅塞頓開的恩師懷念不已！

3. 我的恩師王德昭教授

我在中大歷史系的另一位恩師是王德昭教授。

王德昭教授的學術世界，領域很大。從古到今、從中到西，都是他研究的對象。曾跟隨王教授學習的學子們，都知道他學術態度嚴謹，閱讀過他著作的人，都會注意到他的治史方法中西兼備，取材宏博、立論公允。

王教授早歲潛心研究西洋史，成績斐然。但對近代中國史的研究，興趣更濃，而著述亦豐。由於對西洋思想及歷史用力很深，使他對近代中國與西力東漸後的衝擊有很透徹深刻的了解與分析，他說：「所以中國之被捲入以西方為主流的近代世界的潮流，實在是被迫的，不由自主的。而其求生之道，自也唯有適應這潮流，求生而後方自立。可惜當時中國的當道者主觀上不甘於適應外來的潮流，這是中國近代化的主要困難所在。對於傳統文化的自信與感情，一旦對適應時代的改革發生阻礙的作用時，便成了進步的負累。」

早在 1941 年抗戰期間，德昭教授便出版了一篇份量很重的論文：〈同治新政考〉，載於《文史雜誌》。他在該文中對同治年間（1862-1874）的新政作了詳細的分析及嚴厲的評價，但同時亦肯定了洋務運動在近代中國史的進步作用。該文徵引了大量原始資料，成為後來學者經常參考及引用的文章，已故耶魯大學瑞特教授（Mary C. Wright）的著作《同治

中興》（*The Last Stand Of Chinese Conservatism: The T'ung – chih Restoration*）便徵引該文為參考書目。這篇文章也奠定了德昭教授在近代中國史研究這個領域上的地位。

德昭教授另外一篇很重要的著作，題目為〈論甲午援韓〉，載於《新亞學報》。該文主要是駁斥梁啟超對袁世凱在甲午援韓一役中的指責。梁認為甲午朝鮮東學黨之亂並不猖獗，袁不過是欲借端以邀戰功，故誇大其詞而已。但據德昭教授的分析及考證，「中國的出兵援韓，則無論就時勢需要、中韓關係，或國際環境而言，在當時皆屬必然之舉。」這個說法，已被現在的中外史學家所肯定。

德昭教授還寫了一篇有關梁啟超的文章，題為〈黃遵憲與梁啟超〉，載於《新亞學術年刊》第十一期。該文追溯黃遵憲對梁啟超的影響，特別是在思想及主張方面的影響。另外一文也是有關梁啟超的，這一篇是德昭教授逝世後不久才出版的〈從歷史看清季憲政運動〉，載於《明報月刊》第一九六期（1982 年 4 月號）。

從同治新政，到立憲改革，終於醞釀出辛亥革命。德昭教授對研究辛亥革命史有著濃厚的興趣，也有豐碩的著作成果。他的一本專書，便是：《國父革命思想研究》（1962）。該書收集兩篇很長的論文：（1）同盟會時期孫中山先生革命思想的分析研究；（2）孫中山先生革命思想的分析研究。這兩篇論文是德昭教授應美國西雅圖華盛頓大學遠東暨俄國研

究所之約撰寫成。書長三百多頁，對孫中山先生的革命思想體系的源流及演變分析入微，是研究國父思想一本不可缺少的參考書。此外，德昭師也撰寫了一篇〈知識份子與辛亥革命〉，載於《香港中文大學中國文化研究所學報》，敘論知識份子從興中會到同盟會，以至辛亥革命爆發地湖北的革命團體的種種參與活動，包括新軍對武昌起義成功的貢獻。

照我所知，香港中文大學出版社出版了德昭教授的一本專著《清代科舉制度研究》，據說是迄今研究清代科舉制度最全面、最精審之作。

王德昭教授由於曾在北京大學及哈佛大學肄業，得中西史學訓練的精髓，所以能將近代中國史的研究發揚光大。對於近代中國史研究的態度，他的看法是這樣的：「中國近代史研究，近二十年中可說是風靡世界之學。青年學子為日後作高深研究的準備，對於原料的運用、中國學者的著作和非中國學者的著作，必須多方兼顧，根基才可完固。其理看似淺顯，但要做到卻不是易事。學者至今但剪裁他人著作而不知有原料者有之；但知原料而不知有近人著作者也有之。由於學術交流或語言文字的隔閡，外國學者的應用中文原料和著作，固然受到限制；便是中國學者，對於外人研究本國史事的成績，也未必都知道清楚。」

我十分有幸，曾得入德昭師的門牆。最初開始跟隨德昭師學習近代中國史，是在 1969 年的秋季，那時香港中文大學

聯合書院歷史系李定一教授辭職赴加，德昭師從新亞調往聯合並升職為高級講師。聯合歷史系傳統上都一直重視近代中國史研究，記得筆者在大一時，除李定一教授任系主任外，系中老師教授有關近代中國史課程的，尚有客座教授鄧嗣禹（時為美國印第安納大學教授）、陳福霖（哥倫比亞大學畢業，時為美國密亞美大學歷史教授）等，而教授與學生之間又組織了「近代史研究中心」以推廣及發揚近代中國史研究，而歷史學會又出版兩種歷史刊物：一是《史潮》，另一是《歷史學報》，所以研究風氣是相當之盛。

德昭師入主聯合歷史系後，一方面繼承這個重視近代中國史研究的傳統，而另一方面更主動鼓勵同學間互相學習。在他的影響之下，歷史學會主持了一連串的學術活動，包括我任該會主席時所主持的「辛亥革命六十週年紀念會」，邀請了三位知名學者演講：徐復觀主講「辛亥革命的教訓及意義」、李璜主講「辛亥革命與民族精神」、羅香林主講「國父與辛亥革命」，並編輯了一套資料專集。此外，又邀請了金耀基主講「現代化與中國近代史的關係」等等。可以說，聯合歷史系在德昭師的主持及影響之下，對近代中國史研究的推進，更是邁進了一步。

1972 年夏天，我在中大畢業後赴美，往加州大學深造。我曾與德昭師在加州大學的柏克萊校園聚晤，那時他正在該校的東亞圖書館參閱資料。他也常往哈佛大學的哈佛燕京圖

※ 歷史系同學與恩師王德昭教授（中）在校慶時合攝
（我在右四，左邊為外教 Stanley Rosen，現為南加
州大學教授。）

書館作研究，為學術而努力不懈。

德昭師的一生，為學術而默默耕耘，為教育而鞠躬盡
瘁。他對近代中國史的研究，主要還是從 60 年代開始，自此
著作出版從無間斷，在中大退休後，仍經常回中國文化研究
所從事研究工作，這種鍥而不捨的精神，令世人深深敬仰。
1982 年 3 月 23 日，德昭師逝世，終年才六十八歲。我至今
仍十分懷念這位恩師。

※ 與老師金耀基教授（中）重遇於學術會議上，合照
留念。

4. 其他的中大老師及留學前夕

　　我在中大受業時的老師，除了李定一教授及王德昭教
授之外，還有許多其他的老師，我對他們至今也有著無限的
懷念。金耀基教授是一位很受學生歡迎的老師，我上他社會
學的課，聆聽他對中國現代化的分析及看法，獲益良多，他
後來更升任中大校長。薛壽生教授教導政治及公共行政的科
目，讓我增加了對世界發展的認識，後來他獲聘出任澳門新
開辦的東亞大學校長一職，東亞大學就是現在澳門大學的
前身。

歷史系的教授陣容人材濟濟，包括負責近代思想史的王德昭教授、經濟史的全漢昇教授、制度史的嚴耕望教授、交通史的張德昌教授、史學方法的張基瑞教授、歐洲史的吳倫霓霞教授、美國史的 Charles Allard 博士等，還有訪問教授鄧嗣禹及許倬雲等，可說是星光閃閃，陣容十分鼎盛，使我上課時受益無窮。

可以旁聽的著名文史哲教授中，我特別喜歡錢穆（賓四）教授。他那時雖已退休，但仍經常在校內舉辦講座，吸引不少學生旁聽，後來我跟隨歷史系的學術團訪問台灣，特別去拜訪時已遷居當地的錢穆教授，當面向他感謝教育之恩。

其他可聽課的老師還有牟宗三、徐復觀等教授。後來我任歷史學會會長時，也與港大及浸會歷史學會合辦「中日近百年關係研討會」，與同學重溫及反思中國歷史。

就在我快在中大畢業時，面臨著在本地升學或出國留學的抉擇問題。我在中學時已立志當一名大學教授，唸研究院是必走的道路。我當時的研究興趣是外交史的範圍，有一位教授指導我跟隨東京大學坂野正高教授唸書，由於我已唸了多年的日語，遂申請日本文部省的獎學金赴日留學，並且通過日語考試。碰巧那時正趕上釣魚台（日本稱尖閣諸島）的主權歸屬問題重新被挑起，香港的愛國學生發起的保釣運動進行得如火如荼。就在那時，申請日本留學獎學金的面試在香港的日本領事館內進行，當時一位面試官突然問我這個敏

※ 在台灣探訪老師錢穆教授（前排左三），合照留念。
（我在左一）

感的問題：「尖閣島（釣魚台）的主權屬於哪一國所有？」我毫不猶豫地回答：「中國」。當然，這樣我就過不了去日本留學的最後一關，但我一點沒有後悔，也因為這樣，反而開啟了我赴美留學的大門，很快便獲得加州大學的獎學金升學。

而事實上，現在回想起來，我十分慶幸去不成日本留學，因為若在那邊研究中日外交關係的話，究竟日本學術的客觀性及自由度是否足夠，值得懷疑。後來，我在日本做學術研究時，發現一些外交文書經過竄改，與美軍在二戰後運回美國的日本原始檔案部分內容不完全一致。而在我獎學金面試時日本領事的一問，更令我心裏有數。但釣魚台中日爭端的問題，卻因此引起我極大的關注及學術興趣，數年後，

我的博士論文題目，就是與釣魚台問題有關的中日琉球問題爭端及美國的介入調解，論文指導教授就是中國近代史及外交史的國際權威學者徐中約教授。

　　1972 年的夏天，我準備出發赴美留學。離港前夕，特向恩師王德昭教授告別，並謝謝他三年來教育之恩。臨別依依，他在我的紀念冊上寫了一些勉勵的話：「胡適之先生好以『有一分證據說一分話』教人，此語我終身服膺，以為治史者尤當奉為圭臬以自律……」。德昭師這些話很明白地表示，真正的學問功夫，不能嘩眾取寵，亦不能敷衍了事，要有一個嚴謹的治史態度及方法，才能探求史事的真相。他的這番話，也成為了我日後在學術路上一直奉行的金科玉律，無日或忘。

第二章

飄洋過海
尋師問道：
美國研究院教育
對我的影響

第一節　加州大學的中國研究情況及教授陣容

　　香港是個中西文化及學術交匯的地方，記得我還在香港中文大學唸書的時候，對海外學人的學術報導文章就十分喜歡，原因很簡單：近年來歐美等地的中國研究風氣日趨蓬勃，學術活動活躍，很多消息及研究成果都值得在港及國內外的年青學者借鏡，作為參考。

　　在美國，以中國研究負盛名的學術機構之中，加州大學可說是執其牛耳。加州大學的校區分佈於加州各地，從北部的戴維斯及柏克萊校區，到南部的聖巴巴拉、洛杉磯及聖地牙哥等校區，可謂幅員廣大。上述各校園的中國研究課程都各有其特色，各有著名的教授坐鎮。

　　舉我就讀時的加大聖巴巴拉校區為例，蜚聲國際的中國近代史及外交史專家徐中約教授，即在此校任教。他的力作 *The Rise of Modern China*（《近代中國的崛起》）出版後好評如潮，以其編寫態度嚴謹，論述客觀有理，獲學術界一致讚賞。他的有關中國外交史的專書，亦是權威性的作品，容後再作詳細介紹。這校區在我就讀時負責傳統中國史研究的是陳啟雲教授，負責中國政治及外交關係的是劉平鄰教授，都是著述豐富的中國研究權威學者。當然，中港台俱知名的白先勇教授，亦是在聖巴巴拉校區教授中國文學及語言課程。此外，還有多位美國及日本教授

※ 與加州大學聖巴巴拉校區（UCSB）校長 Vernon Cheadle 合攝於畢業典禮上

任教，學術氣氛十分濃烈。

　　洛杉磯校區亦是人材鼎盛，當時負責教授中國近代史的是黃宗智教授，教授佛學的是陳觀勝教授，還有中國語文部的周鴻翔教授等。而亞洲圖書館的藏書也很不錯，是我經常探秘的地方，因兩校之間每天都有校巴往來。

　　比較上，戴維斯校區的中國研究學者較少，但有以研究近代中國史負盛名的劉廣京教授坐鎮，而且訓練出一批十分出色的博士生，他與我後來亦有很多聯繫。

　　在加大各校區中以研究中國最具規模及歷史最久的，當推柏克萊校區。我在 1980 年的夏天，應該校中國研究中心

之聘，特別來這中心任客座研究員，逗留了三個多月，受益良多。

以教授及藏書的情況而言，柏克萊校區的陣容最盛，除各學系部門外，尚設東亞研究所，內分中國研究中心、日本研究中心及韓國研究中心。東亞研究所所長為研究東亞政治出名的 Robert A. Scalapino（施樂伯）教授。著名的教授還有研究中國近代史的 Frederic E.Wakeman（魏斐德）教授。至於中國研究中心的主任，則為 Lowell Dittmer（原武道）教授，他是以研究劉少奇及文化大革命出名的。

我在該中心客座期間，頗常與原武道教授討論及閒談，他曾對我表示，他怎樣也無法預測到劉少奇會在死後得到平反。我在該中心發表了演講及研究報告，與該校區的教授及研究員互動甚多。

加州大學現在仍是在西方世界裏研究中國問題的重鎮及翹楚。很多新的學者，也取代了已退休或離世的老教授，努力把中國研究繼續推向另一個新高峰。

第二節　研究院的學術氛圍與我的恩師戴康德教授 （Alexander DeConde）

我決定往加州大學聖巴巴拉校區升學，與選擇指導教授

為師的因素有絕大的關係。因為研究生的學術興趣與指導教授配合與否及老師的學術聲望與地位，都直接或間接影響到研究生畢業後的發展及路向，特別是在工作出路方面。

在美國研究歷史學，與在亞洲的情況不盡相同。在中港台及亞洲各地，歷史學多偏重於比較單向的人文科學，與西方把歷史學歸納為社會科學，取向甚是不同。在美國研究歷史，是以一個科際整合（multidisciplinary approach）的方法來分析歷史。換句話說，要從不同的角度來看及分析歷史的發展，例如從政治、經濟、文化、外交等不同的專業角度來探討，這與以前通常偏重於單以人文學科的方法來研究歷史有顯著的不同。

我專攻的外交史，其實是一門很冷門及困難的學科，因為牽涉多個國家的歷史及其外交問題。博士班課程規定要唸多種外國語言（特別是法文），當然我懂中文及日文佔了一些優勢，此外又要唸國際關係及國際公法，與及有關的國家歷史等等科目，唸起來十分吃力，而外交史也變成了政治學與歷史學的混合體，但這對我的研究及日後的教學卻是裨益甚大。

我在研究院的碩士導師是戴康德（Alexander DeConde）教授，他是美國外交史的權威。而博士導師是徐中約教授，是近代中國外交史的權威。兩位教授都是鼎鼎大名及著作等身的國際級學者，我接受他們教導之餘，也深深地受到他們

※ 恩師戴康德教授
（Alexander DeConde）
的官方照

的學養及嚴謹治史的態度影響。

　　我在碩士導師戴康德的教導下，國際關係史的研究已衝出傳統的外交層次，而擴闊至中外的教育及文化交流的層次，因戴康德師認為，教育與文化層面是對外關係的第四個重要因素（其他三個為外交、政治、經濟）。從此，我的興趣除了在外交層面，也擴大至中西文化的交流、衝擊與整合，因為在中國的現代化及全球化的過程中，中外文化如何融合是一個很大的關鍵，我後來也出版過幾本書來探討這個問題。

　　我的碩士導師戴康德是意裔美國教授，1920 年 11 月 13

日出生於紐約州，是美國外交史的重量級權威學者，他在史丹福大學取得碩士及博士學位後，先後在史丹福、密歇根及杜克等大學執教，1961 年赴加州大學聖巴巴拉校區歷史系任教至 1991 年退休，2016 年 5 月 28 日在加州辭世。

戴師著作等身，共出版有二十多本專著，例如《美國外交政策史》（*A History of American Foreign Policy*）、《美國外交政策百科全書》（*Encyclopedia of American Foreign Policy*）、《族裔、種族與美國外交政策》（*Ethnicity, Race and American Foreign Policy*）等。他並成立「美國對外關係史學家學會」（Society for Historians of American Foreign Relations）及出任創會會長，是國際級的著名學者，慕名而來跟隨他學習的碩士及博士生絡繹不絕，很受學生們的歡迎。

我十分慶幸戴康德教授擔任我的碩士導師，成為我在美國接受春風化雨的恩師。他的教學用啟發性的方式，引導學生去思考及分析問題，循循善誘，使學生們獲益良多。他還經常帶研究生往他的家中上課，以紅酒、芝士餅食及意大利麵條招待，在一個輕鬆而開放的環境中進行無拘無束的學術討論和學習，學生們十分喜歡及欣賞。對我而言，更是一種在知識層次上的無比衝擊及洗禮，讓我的學術視野可以得以擴闊及提升。而作為戴師當時的唯一華人研究生，他對我也是特別關注及照顧。

碩士課程是要撰寫碩士論文才能畢業，而且一定要在兩年內完成所有課業及論文的要求。選擇什麼碩士論文題目來撰寫是一個關鍵性的決定，除了要和導師的專業及自己的興趣配合之外，更要選擇一個對自己研究有利及有優勢的題目。由於戴師主張對外關係的研究是包括文化及教育的層次，於是，在這個啟發性的指引下，我選擇了「容閎及留美幼童」這個中西文化及教育交流的首個歷史性試驗作為題目來寫我的碩士論文。容閎是美國大學的第一位華人畢業生（1854 年畢業於耶魯大學）他後來帶領一百二十名首批中國幼年官費學生赴美留學（史稱「留美幼童」），向西方學習，這在中國史上是史無前例的，特別是從中西文化的碰撞及融合的角度而言，而這篇碩士論文的研究及撰寫，也從此把我帶進中西文化交流的研究領域上。

　　為了撰寫這論文，我除了翻查中國史料及留美幼童後來撰寫的自傳及文章之外，也盡量找尋幼童與美國同學的往來書信及照片等，結果發現華盛頓州州立大學的圖書館內典藏大量這樣的資料，另外在康涅狄格州哈特福市（Hartford, Connecticut）的公立圖書館及耶魯大學的圖書館內都藏有這方面從未面世的原始史料可供應用，這些發現令我大喜過望，就這樣，我利用大量的中美原始資料，糾正了容閎後來被中譯的自傳《西學東漸記》（*My Life in China and America*）內的種種錯誤。論文完成後，獲戴師的讚賞及各位碩士委員

會老師一字不改地一致通過，順利取得碩士學位。而我發現的幼童留美珍貴資料，後來有不少的國內外學者繼續引用，高宗魯教授並翻譯成中文出書，媒體亦爭相拍攝紀錄片報導，造成一種中美文化交流的氣象，令我內心感到無比的欣慰。

我的博士導師是譽滿國際的徐中約教授，下文會有詳細介紹。他研究外交史的特色，是運用「多種語文」（Multi-lingual）及「多元檔案」（Multi-archival）的方法來處理及研究外交史問題。這樣的研究方法，會得到較客觀及較全面的研究結果。

在徐師的指導下，我的博士論文是研究中、日、美三國對琉球問題的國際外交爭端。為了要寫好這篇博士論文，我要踏遍中國、台灣、日本、琉球（沖繩）及美國各地圖書館和檔案部去尋找及翻查資料，才能從多角度去客觀分析問題的重點並加以評論及下結論，論文中引用了不少新的史料來反駁一些傳統中外學者對琉球問題的看法。論文完成後，我的幾位博士論文委員會導師都表示十分滿意，並一字不改地通過，後來更以專書形式出版，深獲學界好評。

碩士班是二年制課程，碩士課程後，我用了三年半的時間，並以全 A 的優異成績取得博士學位，因而還未到二十八歲，我便畢業並順利取得美國大學教席，出任助理教授職位。

第三節　我的恩師徐中約教授（Immanuel C.Y. Hsu）

我的博士導師徐中約教授在西方學術界是享譽數十年的中國近代史權威。他的力作 *The Rise of Modern China*（《近代中國的崛起》）自 1970 年由牛津大學出版社出版以來，即獲如潮的好評，並先後作了七次修訂再版，也被翻譯成數種文字，中文版書名為《中國近代史》上、下兩冊，由香港中文大學出版社於 2002 年出版。徐教授在中國近代史及外交史研究的領域上地位超然，著作等身，深受學術界的尊崇。他於 2005 年 10 月 24 日不幸在美國加州的聖巴巴拉因病辭世，享年八十二歲。

徐中約教授於 1923 年生於寧波，在上海長大，當時中國正逢軍閥動亂及日軍侵華，高等教育首當其衝，但聰穎而勤奮的徐中約仍能僥倖於 1946 年 1 月畢業於燕京大學政治系，隨即被國民政府徵召出任中國駐日代表團工作兩年，為戰後中國的重建竭盡心力，亦因此而培養出他對外交史的興趣。後赴美深造，先於 1950 年 6 月在明尼蘇達大學取得碩士學位，再獲哈佛燕京獎學金赴哈佛大學攻讀博士學位，師事著名外交史權威威廉·朗加爾（William Langer）及中國近代史專家費正清（John King Fairbank），並於 1954 年 2 月取得博士學位。畢業後留校在哈佛的東亞研究中心（East Asian Research Center）從事博士後研究工作。

徐教授於 1957 年在柏克萊加州大學任訪問助理教授一年後，即轉往聖巴巴拉校區的加州大學歷史系任教至 1991 年退休為止，而在休假時期亦曾回母校哈佛大學及德國的漢堡大學（Hamburg University）作短期教學，作育英才。

徐中約教授曾任聖巴巴拉加州大學歷史系系主任三年（1970-1972）而在長期的教學生涯中，培養出多位華人博士生（如李恩涵、梁伯華、梁元生、劉義章、易港生及李偉英等），並有美國學生無數，桃李滿天下。

徐中約教授的美國妻子杜樂思（Dolores）亦為聖巴巴拉大學的教授（音樂系），他們育有一子 Vadim（已婚並有三名子女）。徐中約亦為小提琴能手，家中珍藏幾把稀世的小提琴。至於藏畫方面，徐教授對齊白石和張大千俱有偏愛，還有不少其他的書畫，掛在聖巴巴拉鎮上的大宅四周牆壁上，琳瑯滿目，美不勝收。

徐中約教授的兄長徐誠斌曾任香港德高望重的主教，現已身故。

徐中約教授生逢亂世，中國當時受到外侮欺凌，國勢日弱，國家地位日降，民不聊生。面對外敵的侵略，因而激發起他對外交問題的特別措意，加上他在大學畢業後即在中國駐日代表團工作，對外交問題的興趣，更是與日俱進。

他在美國哈佛大學撰寫的博士論文，就是分析中國近代外交制度的變化。這論文後來被哈佛大學出版成書，書名為

China's Entrance into the Family of Nations: The Diplomatic Phase, 1858-1880（《中國的加入國際社團》）（1960）。這書分析了鴉片戰爭之後四十年間中國與西方列強之間的矛盾和對抗，與及中國邁向現代化世界時所面對的種種難題。這是中國外交現代化的問題，但徐中約教授卻跨越了一般外交史的框架，在文化、心理、社會及制度各方面分析中國對外來挑戰的回應，是一部極具洞察力的著作，深獲學術界好評。

「宏觀」的外交史研究之外，徐中約教授也對「微觀」的外交史個案有濃烈的興趣。他的另一本外交史巨著，就是分析中俄兩國在伊犁問題個案上的外交交涉，書名為 *The Ili Crisis: A Study of Sino-Russian Diplomacy, 1871-1881*（《伊犁危機與中俄外交》）（1965，牛津 Clarendon 出版社）。由於通曉多國語言（中、俄、法、英、德、日等語），徐中約教授在本書中運用及發揮他可以利用多元檔案的長處，兼顧不同的觀點來深入分析 19 世紀 70 年代的中俄關係。他利用華盛頓、倫敦、巴黎、波恩、台北和東京的檔案資料，成功把中、俄在當時的社會及文化背景下緊張的形勢重新展現在世人的眼前，使世人對伊犁問題有更深入的認識及更公正的看法。

徐中約教授研究外交史的特色，是運用「多種語文」及「多元檔案」的方法來處理及研究外交史問題。在他之前，有不少的所謂「中國通」在研究中國問題時，竟只採用西方的資料，因而研究的結果不夠全面且欠缺公允，徐中約教授

則大力主張學術上的客觀性及全面性，從不同國家的角度來看外交的問題，特別是注重運用原始的外交檔案來說話。由於他通曉多國語言，因此在運用「多種語文」及「多元檔案」的方法來研究外交史時更是如魚得水，發揮得淋漓盡致，因而他客觀而多角度的分析與研究深得學術界的讚許與肯定。徐中約教授曾撰寫過一篇如何研究中國外交史的文章，十分值得參考："Modern Chinese Diplomatic History: A Guide to Research"（近代中國外交史研究指南），載於 *The International History Review*（1979 年 1 月）。此外，他也曾為《劍橋中國史》（*Cambridge History of China*）撰寫有關晚清的對外關係歷史，是學術界公認的中國近代外交史權威。

但是，研究外交史卻並不是徐中約教授的唯一專長與貢獻，因為他認為，外交問題與內政及內務息息相關、互為表裏。事實上，徐中約的第一部著作，即是有關清季知識份子與思潮的發展。他把梁啟超的《清代學術概論》翻譯成英文，並作了有系統及詳細的詮釋。這書首次向西方揭示了中國在 1664 至 1911 年間的學術狀況，由之而改變了西方人心目中「不變的中國」的觀感，此書因而為西方學者及學生打開了一道認識近代中國史的大門。他寫這書時正是在哈佛大學的東亞研究中心做博士後研究，而該書亦是由哈佛大學出版，書名為 *Intellectual Trends in the Late Ch'ing Period*，於 1959 年出版。

當然，最令徐中約教授飲譽學術界的著作，即為他那本綜合性的權威中國近代史書：*The Rise of Modern China*（《近代中國的崛起》）（1970 年初版，牛津大學出版社）。這是本厚厚的教科書，結合了東西方的學術研究心得，把中國外交和內政在近代的相互發展及影響有系統而詳細地分析論述，全書文筆暢順、結構精密，因此一出版便廣受學術界的歡迎，不少大學更採用該書為教科書，使該書的影響力更為廣大深遠。同時，為了使該教科書更能配合教學用途，徐中約教授又編輯了一本中國近代史讀本，書名為 *Readings in Modern Chinese History*（1971，牛津大學出版社），這讀本內收集了多篇權威學者就中國近代史不同的專題發表過的重要學術文章，加上徐教授的導讀，成為了中國近代史教科書的重要英文輔助讀物。

The Rise of Modern China 因中國最近數十年改革開放以來的多樣變化而要經歷七次修訂，被翻譯成多種語言。中文版由計秋楓及鄭會欣翻譯，由香港中文大學出版社於 2002 年出版繁體字版，書名為《中國近代史》上、下兩冊。至於簡體字版，則於 2008 年由北京的世界圖書公司出版，書名改為《中國近代史，1600-2000：中國的奮鬥》。

隨著毛澤東的逝世及中國改革開放後波瀾壯闊的變化，徐中約教授又撰寫了他一生中最後出版的一本書：*China Without Mao*（《後毛澤東時代的中國》）（1983，牛津大學出

版社），這書的副題為 The Search for a New Order，正是要評述在毛澤東死後新中國領導層所追尋的國家及社會新秩序，這書後來也有修訂本，並收錄在 The Rise of Modern China 的最後數章，充實並豐富了該教科書的內容，加強了連貫性及全面性。

我十分有幸，得入徐中約教授的門牆為入室博士班弟子，也開啟了我在美國的學術生涯，僅於此述其一二，以反映出徐師與學生的關係及他在生活上的方方面面。

我於 1972 年在香港中文大學歷史系畢業，旋獲美國加州大學與中大交換計劃的選拔，赴加大的聖巴巴拉校區深造，並獲當時任歷史系主任的徐中約教授收錄攻讀碩士學位。除了加大交換計劃的這個獎學金外，我僥倖獲得一份由美國國務院頒發的國際文化交流獎學金。我來加大升學的主要原因，當然是要跟隨徐中約教授學習，因為我的研究興趣正是中國近代史，特別專攻外交史。我在香港時已拜讀過他的數本著作，決心師事他的門下。

但美國大學的碩士班要攻讀的科目範圍廣闊（博士班更是如此），殊不容易，因此入學後我即與徐師商量，在策略上我先以美國外交史為我碩士班的主力，跟隨名師戴康德教授兩年，待入博士班才跟隨徐師學習近代中國外交史。

戴康德教授是美國外交史權威，著書二十多本，包括主編美國對外關係史百科全書數巨冊，並曾任美國對外關

係史學會（Society for the Historians of American Foreign Relations）會長，享譽國際。戴康德師為人隨和，喜歡啟發學生的思維，我在他指導下完成碩士論文，在外交史研究的領域上受他很深的影響。

雖然我唸碩士班時是跟隨戴康德教授，但當時徐師即已對我照顧有加，並聘我為他的研究助理，協助他處理一些研究上的工作，包括修改他的那本 *The Rise of Modern China* 的第二版，而他在該書的第二版的序言中也特別對我鳴謝。徐師對我的信任，使我對學術生涯及前途充滿信心，到了我進入博士班課程後，除了作研究助理的工作外，我也被聘任為徐師的助教，在他的課上協助教學（有時還得替他上課），因此在他身上學得更多，而與他的接觸也就更為密切了。

外表上，徐師並不是一個熱情洋溢的人，更貼切地說，他是有著一股學者所特有的文人傲骨。但是真正了解徐師的人都知道，他只是把很多事情都放在心底裏，要在適當的時刻才會對適當的人給予有力的援手或幫助。但他的這方式並不是所有學生都知道或欣賞，特別是初來美國的華人學生總是有著一廂情願的想法，希望華人教授能對他們特別照顧及幫忙，因此對徐教授外表上比較冷漠及美國化的方式在開始時覺得比較不容易接受。但是，慢慢地，他們可以發現徐師他那比較冷漠的外表下，卻原來包藏著深厚的內在感情，而這種感情才是持久的、才是影響深遠的。

※ 恩師及博導徐中約教授（Immanuel C. Y. Hsu）在
　博士畢業典禮上介紹我的學術表現及畢業論文

　　徐中約教授與學生（特別是博士生）的關係一般都是
不錯的，例如我在博士班畢業時在三藩市結婚，徐師與師母
特別一大早便駕駛六個小時的車程來參加我的婚禮，令我十
分感動，他還特別用中文（他甚少使用中文寫東西）寫了一
個小小的賀聯給我祝賀，賀聯上面寫著「才子佳人，百年好
合」，這八個字的賀聯，我現在仍是珍而藏之呢！

　　當然，拿到博士學位後，還得要靠指導教授的力薦，才
能獲得大學教學工作的機會。在這方面，徐師都會盡他的所
能幫助，發揮他在學術界的影響力，使我在畢業後馬上獲聘

在美國東岸歷史悠久的西東大學任教。二十多年來，我都與徐師不斷的聯絡及碰面。例如有一次，我在武漢大學任訪問教授時（1983），他也碰巧來中國講學，他竟給我一個很大的驚喜 —— 跑到武漢來看我。又有一次在上海竟意外地碰見他，結果與他聊了一整個晚上！

徐師的生活，整體來說已是相當的美國化（也許與他娶了美國太太有關），與他談話或通信絕大部分時間都是使用英文，雖然他的語言能力甚強，但他的寫作皆以英文出版，似乎並沒有中文著作。有一次，我應商務印書館的邀請用中文撰寫一本有關中國外交的學術書籍，出版後送他一冊，出乎意外地，他罕有地以中文給我寫了如下一封熱情洋溢及語帶鼓勵的信：「伯華：接大作《近代中國外交的巨變》，一氣讀完，可佩、可佩，內容精簡，與敝意相似之處，有過之，無不及 …… 」我接讀此信，感到他對我無比的肯定，激動之處，久久不能釋然。後來我出版了一本 *Historical Dictionary of Revolutionary China, 1839-1976*（《近代中國革命史辭典》）（1992 年出版，後獲 *Choice* 選為 Outstanding Academic Book），這書是特別呈獻（dedicated to）給徐師的，他又來信感謝我對他的盛情。後來，我又和徐師的一位博士生梁元生（與我在中文大學同系同屆，亦是加大博士班同學，後任中大歷史系講座教授及崇基學院院長）合編了一本書 *Modern China in Transition*（《變遷中的近代中國》），又再一次將書

呈獻給徐師，感謝他教誨之恩！

1997 年的暑假，香港回歸中國，在這個歷史性的時刻，我特別帶了一班美國學生回香港作歷史的見證，徐師與師母那時剛巧亦在香港作中大的訪問教授，因此師徒眾人又在香港聚面。面對這歷史性的時刻，徐師似乎是特別興奮，在我的要求下，他拿了一張白紙，又罕有地用中文匆匆寫下了一段話：「二十五年舊交，人生一樂，研究前途無窮，為人類造福。伯華學弟惠存。徐中約、杜樂思共祝。1997.7.1 香港回歸日」，從這段話，可以看出徐師感性的一面。

在去世前的兩三年，徐師的健康情況惡化，特別是做了心臟的搭橋手術後，精神與健康已大不如前，但與他在電話交談及信件往來中，他都不大願意披露自己的健康情況，也許是不想他的學生替他擔心。他的語氣，總是樂觀的。他的工作態度，總是充滿積極性的。而這些種種，都在我心靈上留下很大及很深的烙印，對我影響深遠。

徐中約教授是我的恩師，我對他的教育永誌不忘。我在很多年前我兒子出生時將他的英文名取名為 Immanuel（也是徐師的英文名），就是為了紀念我這位恩師！而徐師去世後，我將我出版的一本新書《近代中國在世界的崛起：文化、外交與歷史的新探索》（2006，武漢大學出版社）又再呈獻給徐師，表示對他永遠的懷念。

徐中約教授是現世中西學術的稀有結晶，他以無比的能

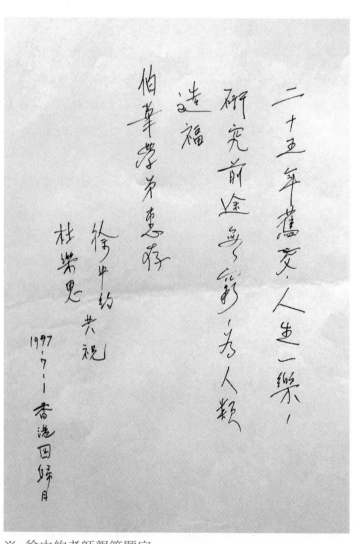

二十五年舊交，人生一樂，

研究前途無限，為人類

造福

伯華學弟惠存

徐中約　共祝

杜榮思

1997 · 7 · 1 香港回歸日

※　徐中約老師親筆題字

力與毅力，結合了中西學術界的優點，融合為一，在海內外大放異彩。在 2019 年 3 月 25 日，師母杜樂思亦辭世，追隨夫君在天國會合了。

第四節　在美國留學的生活

　　留學生負笈美國，離鄉別井，遠渡重洋繼續進修，姑勿論你是從中、港、台或任何地方而來，進入一個陌生的國度與社會，自然便要在新的文化上作適應，而不單只是在課業上與美國同學競爭而已。而事實上，課業上的成功與否，很多時候都與自己在新文化上的適應有關，因此留學生對這個問題不能不多加注意。

　　除了文化適應的問題之外，也要注意美國歷史上長期存在的一個嚴重的種族問題 —— 白人優越感及歧視有色的少數族裔，經常因此造成社會上的不和諧及衝突，也給新移民及留學生活造成巨大的壓力，雖然現在的情況比以前已經是有所改善。

　　我在 1972 年來美留學，剛好是美國總統尼克遜（Richard Nixon）訪華後中美緊張關係開始解凍之時，華人在美國的社會地位逐步提升，中華文化也開始受到美國人的注意及青睞。在大學裏的華人學生，更組織中國同學會彼此聯絡，舉辦「中國之夜」之類的活動來宣揚中華文化。我就讀的加州

大學聖巴巴拉校園也不例外，中國同學會的功能之一，就是協助新來的中國同學認識學校及適應新的環境。

我剛到校時，得到中大的一位師兄彭松達夫婦多方照顧，從生活上的提點，到在學校課程上給予寶貴的意見等，對我有很大的幫助，令我十分感激。及後，我也同樣協助及照顧新來的師弟妹們，好讓他們都能盡快適應新的環境。歷史系中比我晚來的中大畢業生有梁元生、劉義章及張學明。他系的有數學系的全任重（他父親是我在中大的老師全漢昇）及社會學系的高耀中。又歷史系中還有從香港來的易港生及從台灣來的馬保康，可惜後者英年早逝。在同一校園的中國學生們，都像是他鄉遇故知一樣，互相幫忙及照顧。而那時的中國留學生，絕大部分都是來自台灣，與現在很多都來自中國內地的情況很是不同。

我是通過中大與加大的交換互派計劃來美升學的，有該計劃的獎學金免除學雜費用，加上我另獲美國政府頒發的國際文化交流獎學金，所以生活上不成問題，不用為金錢煩惱。那時我專心學習，心無旁貸，過著一段十分愉快的留學生活。後來更獲大學的研究助理及助教的兼職工作，金錢上還可以有盈餘作儲蓄之用。

但是，像很多在美國的中國留學生一樣，我也有在一中餐館做過企枱（侍應），每週一晚的工作，調劑一下學校緊張的生活，一方面可與香港來的其他企枱乘機聚面聊天，另一

方面在賺錢之餘，更可享用老闆煮的中式晚餐。餐廳店名叫「明安」（Ming On），老闆 Bill 是主廚，來自廣東台山，老闆娘 Amy 及漂亮的女兒 Doris 負責接待及帶位，他們一家人待我們都很好，所以同學們都樂於在週末上班，放鬆一下功課上的壓力。

學業上的壓力對留學生而言的確是十分巨大。美國大學的研究院，對學生的要求特別高，尤其是唸文科及社會科學的，我看見很多留學生都遭遇重重困難。英文的能力固然是一大主因，班上的其他學生大都是質素高而又鬥志激昂的，因此同學之間競爭十分激烈，大家都對獎學金虎視眈眈，因英語能力不夠而無法有好表現的留學生，只能繼續努力奮鬥，等待下一次機會。但我認為留學生的另一個問題，是社會科學的根基及素養未逮，因而無法在學習上對問題有深入的分析，很多經濟學、政治學、社會學等學科的名詞及概念都未能充分了解及掌握，自然不能夠純熟地去運用，美國慣以科際融合的方式來研究社會科學，留學生又是吃了另一個大虧！

通常新來的留學生在適應美國文化及生活方面，會經歷過四個階段：著陸期、蜜月期、震憾期及恢復期。若適應不良，會造成焦慮、失眠、沮喪等問題，因而直接影響到課業上的表現，若拿不到急需的獎學金或助學金來繳付學雜費用，壓力更會加重，甚至或會患上抑鬱或精神病，嚴重的還得要退學。

總的來說，美國文化的基本價值是尊重自由主義及獨立主義（包括個人主義），因此美國人在思維及行為上與華人有所不同。例如中國學生傳統上都是尊師重道，視老師為權威，通常不會在課堂上提問。但美國學生則喜歡發問，老師亦鼓勵學生多參加討論，刺激思考能力。但有些較為極端或無聊的美國學生，會提問一些特別「愚蠢」的問題，考考老師怎麼回答來自娛，這在美國大學課堂上是很常見的情況，我後來在教學上也遇見過，只要智取便行，而且好的反應可能還會令學生對你心服口服。但我最不習慣的，是見到在行為上的不禮貌，例如學生將腿高高放在椅或桌上，旁若無人似的，亦會有人赤腳或帶狗上課，也許這是美國人在反越戰後興起的嬉皮士流行文化。更有甚者，當時美國流行著一種叫「裸奔」的玩意，就是在別人面前無拘無束地脫光衣服，赤身露體奔跑，表示思想與身體的自由解放。有一次我在圖書館看書數小時後，眼睛開始朦朧有倦意，抬起頭來，赫然看見一位頗為肥胖的白人女學生赤條條地在圖書館內四處奔跑，她這舉動當場把我嚇醒，睡意全消。這種「文化震撼」著實很大，衝擊著我的腦海，可幸「裸奔」這玩意只是曇花一現，很快就被新的玩意替代了。

　　當時的中國留學生，坦白說，大都是苦學生，他們很多都自嘲說是「吃馬鈴薯度日子」的，不少還要在外邊打工賺錢交學費，生活十分清苦，自然在生活上十分節儉，不像

※ 在研究院肄業時我的三位同居室友 Brien Farrell，Franz Haemerlle 及全任重。

現在的「富二代」學生的富裕情況，在居住上都是與同學們一起合租公寓以求省錢或方便。我留學的第一年便與中大同學全任重，合夥美國學生 Brien Farrell 及德國學生 Franz Haemerlle 共租一公寓一起生活，就如像一個聯合國式的家庭，分工合作煮食洗碗及搞衛生等，生活上平添不少歡樂。空餘時間我們也一起往附近的景點旅遊，如去有小丹麥之稱的 Solvang，或遠一點的洛杉磯迪士尼樂園，或大峽谷甚至更遠一點的三藩市及優聖美地（Yosemite）國家公園，這些歡樂的時光，給我的留學生活留下了美好的回憶。

而我與 Brien 及 Franz 的友情數十年仍未斷，延續至

今，全任重在博士畢業後，往台灣的清華大學數學系任教至退休，至今與我也仍有聯繫。其他的中大校友梁元生、劉義章及張學明畢業後回中大任教，高耀中則往新加坡國立大學任教，後轉往日本工作至退休，但在 2019 年不幸因病辭世，令我痛失摯友！

我在唸博士班時，認識了一位也是從香港來唸本科的女學生，由於同是香港人，所以談得十分投契，特別是她擅繪丹青（她在港時跟隨國畫老師陳培略習畫十多年），令我對她的藝術才華十分欣賞及傾慕，數月後，她成為了我的初戀女友，也是日後一起生活數十年的妻子張德華（Vera）。我們那時互相勉勵，勤奮向學，每晚同在圖書館內夜讀至閉館，才肯一起踏著自行車回家，因為校園很大，我總看著她安全回家後才放心離開。三年後，我差不多博士畢業時，在雙方父母同意下，我們在三藩市的市政府註冊結婚並舉行婚禮，從此互相照顧及相伴至今。博士畢業後，我獲美國東岸的西東大學聘為助理教授，那時剛購了一部美國 Mercury 牌新房車，我們兩人決定從西岸三藩市駕車開往東岸紐約上任。車程數千英里，用了兩週的時間，途中經過很多城市，探訪了一些朋友，也飽覽了不少美麗的景點如黃石公園等地，1978年 8 月，我們抵達東岸，在美麗的新澤西州（又稱花園州，Garden State）開始我們在美國生活新的一頁。

踏上美國學術之路：半世紀教研生涯的起步

第一節　美國教學的挑戰：西東大學校園

1978 年春季，我獲美國東岸的西東大學聘請，出任亞洲學系助理教授職位。該年暑假，我和太太從三藩市開車，駕駛數千英里的路程往紐約，歷時兩個星期。這是一個充滿著憧憬及期待而又具探險性的旅程，我的尋夢之旅正式展開。

西東大學坐落在紐約市以西 14 英里的新澤西州南橘鎮（South Orange, New Jersey），是一座美麗的校園，英文名字叫 Seton Hall University，音譯為薛頓霍爾大學，但較為人熟知的中譯名則為西東大學，因為「Seton」的讀音酷似中文「西東」二字，但是在文化交流的意義上，這中譯名卻是使大學有著代表東西文化交流的特殊意義。

由於校址接近紐約市，車程只需半小時，所以大學盡得大都會國際文化交流的地利，而主校園卻坐落在郊區，是一個寧靜幽雅的校園，適合學子們潛心學問及鑽研學術。

南橘鎮由於西東大學坐落在這裏，因此已發展成一座大學城。大學成立於 1856 年，原先只具學院規模，是由天主教區創辦的高等學府，在 1950 年起擴充建制，增設研究院，而成為一所完整的大學。現在有四個校區，除在南橘鎮的校本部外，還有坐落在紐瓦克（Newark）市區的法學院以及在克里夫頓（Clifton）鎮的醫學院，學生人數有萬多人，已發

※ 初到大紐約區上任時攝，背景為現已
消失的世界貿易中心。

展成一所國際知名的學府，也是全美很早便成立的天主教大
學。此外，大學在西橘鎮（West Orange）設有高中預備學
校，培養準備入大學的學生們。

　　在西東大學本部內，分設文理學院、商學院、外交學
院、藝術學院等不同學院，各學院內又有各科各系，是一所
歷史悠久且校園幽美的美國綜合性大學，吸引美國以至世界
各地的學生來就讀，包括不少中、港、台的華人學生。我的
辦公室，四十多年來都是設在大學本部的費爾堂（Fahy Hall）
的二樓，也就是在這裏，展開了我在美國的學術旅程。

第二節　遠東學院與亞洲學系的誕生及影響

西東大學的遠東學院（Institute of Far Eastern Studies）之所以在這所天主教大學成立，而後來更發展成為全美漢語教學及亞洲研究的先鋒之一，是有著許多天時、地利及人和的因素所造成，也是從這遠東學院再發展出後來的亞洲學系。

1950 年代初期，由於在二戰後冷戰的延續及韓戰（1950-1953）在亞洲的爆發，亞洲問題引起各方的注意及重視，並認為有需要加強對亞洲的認識及溝通。當時具有國際遠見的西東大學校長約翰・麥納提（Monsignor John L. McNulty）在 1951 年 10 月 29 日，召開了一個籌備遠東學院的會議（當時美國將亞洲泛稱為遠東），探討學院成立的可能性及方法。出席會議的包括一些日、韓、越、台等地的著名亞洲代表，這就是遠東學院在西東大學成立的源起。

麥納提校長任命了校內一位教授凱恩神父（Rev. John J. Cain）出任學院的首任院長，並為了協助遠東學院的發展，特別設立指導委員會（Advisory Board），代表中有國際性背景的委員包括華籍的于斌樞機主教、國際著名的法學家吳經熊教授（時剛受聘為西東大學新成立的法學院教授）、日本最高司法院首席法官田中耕太郎（Tanaka Kōtarō，後來任東京大學校長）、韓國前總理張勉（John Myun Chang），以及越南前內務長吳廷琰（Ngo Dinh Diem，後來任越南總理）等人。

※ 攝於西東大學辦公室內

　　遠東學院成立的目的，首任院長凱恩神父便曾提綱挈領地指出「在於溝通亞洲人民與美國人民之間的了解，增進彼此的情誼」。由於吳經熊為西東大學的教授，也是學院的指導委員，因此可以想像的是，他對學院的成立及發展，扮演著十分重要的角色。後來，學院加入薛光前（Paul Sih）、潘朝英（Stephen Pan）及祖炳民（John B. Tsu）等華籍教授，院務的發展更是愈趨蓬勃。

　　遠東學院成立之初，活動範圍約分三方面：教學、學術演講及研究出版。前兩項由潘朝英教授主持，後一項則由薛光前教授主持，時祖炳民教授尚未加入西東大學工作。

20 世紀的上半葉，在美國只有哈佛、耶魯、加州大學及哥倫比亞等大學設有亞洲研究專業，西東大學遠東學院的成立，可說是異軍突起，後來更發展迅速，很快便成為美國漢語教學及亞洲研究的重鎮之一。

　　1952 年 2 月 4 日，遠東學院正式開辦有關東亞課程，內容多應學生的興趣及需要，讓他們有機會學習亞洲文化、語言、宗教、政治及經濟發展，增進美國人民對亞洲人民的了解，這也正是學院創院的目的。

　　1958 年，祖炳民教授加入西東大學，大力發展遠東學院及大學的亞洲研究。在他的努力下，大學創設亞洲學系（Department of Asian Studies），開設大量亞洲課程，並頒授碩士學位，1969 年增辦學士學位。亞洲學系的成立，目的是與遠東學院分工，學系負責教學工作，學院專門從事研究及出版的業務。而吳經熊教授亦從法學院轉任亞洲學系教授，大大增強了教學的陣容及聲勢。到了我在 1978 年受聘加入為助理教授時，亞洲學系的發展已甚具規模，培養出不少漢語教學及亞洲研究的專業人材。

　　西東大學的遠東學院及亞洲學系自成立以來，發展迅速，很快便成為了一個臥虎藏龍之地，人材輩出。這些實非誇大之辭，也許從下面介紹的幾位西東大學的教授，便可以看得出其中一二。這裏介紹的六位教授在學術界都享有很高的名氣及地位，他們是我的前輩同事及同儕，在系內大家都

是同心戮力，各展所長，希望透過西東大學這個平台，在美國宣揚中華文化及促進中西文化交流，讓中國研究發光發熱，在他們共同努力下，西東大學逐漸發展成美國一個在漢語教學及亞洲研究領域上享有領導地位的重鎮，在西東大學亞洲研究的發展上亦扮演著重要的角色，作出了顯赫的貢獻。

六位教授之中，三人是華裔的知名教授：吳經熊、祖炳民、王方宇。其他三人是美籍漢學家：德范克（John DeFrancis）、馬幾道（Gilbert Mattos）及蒲百瑞（Barry Blakeley），這幾位教授都是學有專精，而又卓成一家的權威學者。在這裏對他們作比較詳細的敘述，記載我與他們在同一學系內的一些故事及他們在學術界的表現和成就，好為中西學術文化交流的歷史作見證，想世人也會有興趣知道這些在「東學西傳」上發光發熱的文化傳遞者，他們的成就及有趣而鮮為人知事跡，也希望藉此啟發及激勵有志繼往開來的接班人。

多年來西東大學專長研究亞洲問題的教授人數甚多，例如楊覺勇、楊力宇、William Lin、Shigeru Osuka、Theresa Morcom、Michael Kikuoka、Frank Podgorski、Deven Patel、Deborah Brown、Michael Linderman、沈弘光、張壽安、俞亮華、Jeff Rice 等等，在這裏無法盡錄及一一介紹，但要特別一提的是在我任系主任期間聘請的陳東東教授，她是麥基爾

大學（McGill University）的語言學博士，專長漢語教學及語言學，著述甚豐，現為中文課程部主任，她也在中學西傳及中西文化交流上扮演著重要的角色。亞洲學系近年因大學科系在規劃上全面改組而易名為語言文學及文化學系，研究及教學範圍擴大了，教授陣容遂亦增強，但亞洲研究的課程仍維持不變，繼續發揮它的光與熱。

第三節　西東大學的前輩老師及同儕教授

1. 吳經熊（John C. H. Wu）

　　吳經熊教授是西東大學遠東學院的創辦人之一，後來更從法學院轉到新成立的亞洲學系任教，負責教授中國哲學與文學課程，也因此機緣而發展出他事業中除法學之外的另一個高峰，出版大量發揚中國文化的著作，在美國努力促進中西文化的交流，影響深遠。他是我同系但不同時期的前輩同事，也是我在學術上心儀的榜樣！

　　吳經熊的名字在中國，特別是在 1949 年內地政權易幟之前，已是個家喻戶曉的人物，是個名字響噹噹的法學界專家及權威，他曾擔任法學院院長、大法官，也曾草擬國民政府的國家憲法，出使過羅馬教廷，他種種的顯赫事跡，真是無法盡書，為人津津樂道，其貢獻也被當時不少的學者為文推

※ 舉辦學術會議紀念同系前輩
　同事吳經熊教授

頌及為他作傳傳世。就是時至今天，很多內地及台灣的法學
界學者們，對他仍是餘情未了，繼續對他作大量研究，出版
了不少有關他的文章及專書。

　　可惜的是，現存有關吳經熊的研究及著作，絕大部分
記述的範圍都止於 1949 年而已，之後他來美二十年間的生
活、工作及事業發展等的事跡，卻是鮮為人知，留著一大片
空白。究竟他在美國的日子是怎樣度過的？是繼續他的法
學研究及教學嗎？還是另有新的發展方向而也值得後世人
關注？

　　原來吳經熊在 1949 年舉家遷居美國之後，隨著政局的改

變，從中國的顯赫要職及官場撤退，轉到美國一個純學術的環境裏，在新澤西州的西東大學出任教學工作，過著他一生中從未有過的清靜和平的日子，專心去鑽研學問，發展他另一個新的學術路線及新的方向與抱負。其結果是：他從以前在中國紛亂的政局環境中嘗試以法救國的取向，轉變到在離開中國後，他在西方的世界中，以宣揚中國的智慧及文化，作為感染西方人士及爭取世界和平的手段，並以救世作為他新的人生目標。

吳經熊在西東大學任教近二十年的時間裏，以論著及行動，躬身力行，來實踐他新的渴求及目標。他從法學院的教職，轉到亞洲學系去教授中國哲學及文學，並出版了大量這方面的著作，大力鼓吹成立遠東學院及亞洲學系，去教育美國人認識中華文化之美，以期令中學西傳。他從以前在中國國內享譽的法政平台上，隨著時局的變化及他身處海外的機緣，而轉移到另一個國際性的文化學術平台上，去宣揚他的抱負，去拯救深陷戰爭紛擾（如冷戰、韓戰、越戰）的世界。他嘗試以中國傳統的文化及智慧作為手段，給世界未來的和平提供一盞照亮的明燈，燃點希望。因此，吳經熊在美國逗留期間，做了大量將中國文化引進西方世界，及促進中西文化交流的工作，而這段歷史，可以替他後半生的事跡作補充補白，使世人對他一生可作比較完整的評價，有更為客觀及全面的理解與總結。

吳經熊在美國的故事，其實早在 1920 年便已展開。原籍浙江寧波的他，在東吳大學法科畢業後，便赴美留學，在著名的密歇根大學（University of Michigan）攻讀法學博士（J.D.）學位並以短短一年的時間畢業，超人的智慧與才華在年青時代便已盡顯。他在美國這一年求學的故事，華東政法大學的李秀清教授便曾著文詳細記述及介紹。吳經熊畢業後，曾在巴黎大學、柏林大學、哈佛大學等著名學府從事法學研究。他於 1924 年回中國，希望將以法救國作為他的抱負及目標，去服務及拯救當時紛亂的祖國，直至 1949 年因政局轉變而撤離，遷往美國。

所以，吳經熊的美國故事，應從他 1949 年赴美後才算真正開始。

吳經熊教授是我的前輩同事，雖然我們服務於同系但由於在不同時期，故未曾謀面，但透過系內及大學的檔案，以及系中老教授相告，有關他的故事已知道大概。加上他的女兒 Agnes Wu 後來一直在我系內擔任文書工作，時常向我提起她父親及家庭事跡，而另一位任職中學老師的兒子 Vincent Louis Wu 也常來系中走動及傾談，我亦曾與吳經熊任台灣外交官的大兒子吳祖儒見面，後來也曾和幼子吳樹德及其他吳經熊的子女及孫輩見面及傾談，所以對吳經熊這位前輩同事在美國的故事，有較深入的認識及了解。而在若干年後的 2016 年 4 月，我在大學的支持下，與校內的單位及同事們合

作舉辦了一個「吳經熊教授國際學術研討會」，不少學者專家們及吳教授的後人都有出席，會議中討論吳經熊的學術與思想，會後大家都有興趣談論他的生活與家庭，氣氛熱烈，使我們對他的認識，又更進了一步。

吳經熊是創立西東大學遠東學院的重要功臣，來西東任教之前，他曾在夏威夷大學短暫停留，任訪問教授，並寫成他那本《跨越東西方》（*Beyond East and West*）的自傳，剖析他對東西方文化的看法，很受歡迎。西東大學決定邀請他出任法學院的創院教授，並幫助推動成立遠東學院。1951年，吳經熊正式上任。

1952 年 2 月 4 日，遠東學院正式成立，目的是「溝通亞洲人民與美國人民之間的了解，與及增進彼此的情誼」，吳氏獲委任為指導委員，籌劃該院的工作及一切發展事宜。

遠東學院也在 1952 年開辦有關亞洲的課程，內容多應學生之興趣與需要。因當時西東大學尚未有東方語言文化之全盤基礎教育，亞洲方面課程並未列入主修科系，選課學生人數也不穩定，間接影響到排課與籌措經費的困難。但據當時遠東學院刊行的概覽所見，該院仍然每年開辦不少有關亞洲的課程，涵蓋語言、文化、歷史、政治、宗教及經濟的範圍。吳經熊的名字，雖列在遠東學院的老師名單裏，但相信他因為是法律學院的教授，其教學的主力初期應該還是在法律及政治的課程上。

但作為遠東學院的華籍指導委員，吳經熊在院內，仍籌辦了眾多的學術活動及舉辦公開演講，特別是因為當時亞洲正經歷著大變動的時代（韓戰、冷戰、中國政權交替、日本戰後復甦等課題），因此演講吸引了很多聽眾。根據 1952 至 1953 年度西東大學的概覽所記載，遠東學院當年邀請的演講嘉賓，包括有著名的學者、政治家、經濟及宗教研究專家、語言學家等，名單有一大串。吳經熊是演講者之一，其他還包括鼎鼎大名的胡適在內。當時胡適也恰巧在同州的普林斯頓大學葛斯德東方圖書館（Gest Oriental Library）工作，他與吳經熊相熟，所以與遠東學院時有往還。其他的講者還包括著名外交家董霖（William L. Tung）及經濟學家 Franklin L. Ho 等人。

　　遠東學院的活動範圍除教學及學術演講之外，另一主要活動為研究及出版的工作。名義上這活動由薛光前教授負責，但吳經熊亦熱心參與，功不可沒，出版的著作數量驚人。

　　遠東學院除本身的教授外，又聘有多名研究員，早期有 John Niu 、James Muh Po Fu、Yeu Yeu Pan 等人。學院出版及編印大量的學術小冊子之外，後來還成立西東大學出版社（Seton Hall University Press），出版有關亞洲的英文書籍，內容包括區域研究及語言、文學及參考書籍等，例如王方宇教授的中英及英中辭典、魏黃艾玲教授編的中國哲學選讀等

書，都是由西東大學出版社所出版的。

　　1958 年，祖炳民教授（John B. Tsu）加入西東大學，經祖教授之努力，遠東學院之課程成為現代語文系及社會學系副修科目。1961 年 2 月 1 日，西東大學創設亞洲學系，頒授碩士學位，後更增設學士學位課程。同一時間，吳經熊從法律學院正式轉到亞洲學系任教。在他的著作中，他從此也自稱為亞洲學系教授而不再是法律學院教授，於是，有了他的加入，亞洲學系的教授陣容變得更為強盛了。吳經熊被列為系中的中國文化教授，其他的包括德范克（John DeFrancis）為中國語言學教授；魏黃艾玲博士、李亞偉博士及蔡國英博士為中國語文教授；此外，還包括一些語文及教學法的講師及客座教授等，可謂陣容鼎盛。

　　吳經熊是中國文化教授，負責哲學及文學科目。他當時有一位名叫 Louis George Cannarozzi 的學生，於日後的 2015 年告訴我，他曾在當時上過吳經熊有關「中國詩詞」（Chinese Poetry）的課，並憶述吳教授如何引導他欣賞中國詩詞作品，留給他很深刻的印象。這學生特別記得吳經熊穿著中式長袍上課，他現在還留著老師在課堂上派發給學生的若干份講義教材，中英對照的有：〈登鸛雀樓〉、〈竹里館〉、〈雨前茶〉、〈春怨〉、〈望江南〉、〈登牛頭寺〉、〈塞上曲〉等多首詩詞，作教學之用。這位美國學生對吳經熊教授當年的教學留有美好的回憶，對他充滿著無限的敬意。

在當時，吳經熊是少數的華人教授之一，因此他的出現，引起了同事及學生們的注意。身高 5 尺 9 寸的他，說話時帶著濃厚的寧波口音，且經常穿著中式的長衫馬褂出現在校園內，因此與人不同，別樹一幟。此外，據他的兒子 Vincent 相告，其父在上海時曾受京劇訓練，因此家中藏有京劇戲服，可見他對京劇的喜愛，甚至在半夜也會在家中唱戲自娛。可以想像得到，吳經熊因擔任遠東學院指導委員及亞洲學系教授的職位，在旅美時自是極力推展及宣揚中華文化的活動。

西東大學圖書館的檔案部典藏有吳經熊與太太李友悌（又名李德蘭）在 1959 年 9 月拍攝的一張照片，地點是他在離大學不遠處的住所，地址為 3 Reynolds Place, Newark。可惜李友悌在同年年底因病逝世，後來吳經熊出版了《懷蘭集》來紀念她。他們兩人育有十三名子女，是一個十分熱鬧的大家庭，孩子們也經常在大學校園走動，並在那裏上課，例如幼子吳樹德便是西東大學的畢業生。因此他們的成長過程，大量受到了父親吳經熊教育的影響，與及遠東學院及亞洲學系在校園內所營造起來的中華文化氣氛的薰陶。

吳經熊在幼年時便已接受扎實的傳統國學基本訓練，六歲時開始傳統啟蒙教育，讀文識字，背誦四書五經，而在九歲又開始學習英文，所以中英文的造詣，根底很早便已奠下。因此他晚年醉心傳播中華文化，其來有自，而因緣際

會，在美國他更在法學領域的高峰之外，再闖出另一個學術的高峰，出版了大量向西方世界弘揚中華文化的書，例如《老子：道德經》（*Lao Tze: Tao Teh Ching*）、《孟子的人生觀與自然法》（*Mencius' Philosophy of Human Nature and Natural Law*）及《禪學的黃金時代》（*The Golden Age of Zen*）等，這些書都是他在西東大學工作時期所撰寫的。

吳經熊的一生，我們可以將他的學術生涯分為兩大階段：其前半生（1899-1949，即他五十歲之前），他主要在法學著作及法律工作上耕耘及作出貢獻，特別是在取得美國法學博士及受西方法學及法律思想的影響，面對當時中國混亂的局勢，從軍閥割據、列強及日本侵略到國共紛爭，吳經熊希望能夠以西方法律及思想來救國，更希望以法治國。雖然他一直對中國傳統哲學及文學有著濃厚興趣，但在五十歲之前，他的著作及工作，仍是著重於與法相關的事宜，以法救國及治國，是他當時努力以赴的理想及目標。

吳經熊的後半生（1949-1986），他對學術的興趣及寫作產生了極大的變化。在內地政權交替後，國民政府退守台灣，信奉孫中山思想及跟隨蔣介石的他，1949 年後不得不流亡海外，面對著國內和國際局勢的變化及戰爭的殘酷（如韓戰及冷戰），流寓在美國的吳經熊更加感悟到，世界所急切需要的和平，並不是單單用法律的手段便可得到。在西東大學教學的這段近二十年的時間裏，他開始了在學術取向上的

轉變，大量用東方的哲學及中華文化思想，來作為一種救世的手段。這時，他早期對中華文化的興趣，開始重新發酵及轉化，為爭取世界和平而嘗試提供新的方向及新的活力。他開始不斷撰寫宣揚中華文化的英文書籍，闡釋及提供給西方世界大量的東方智慧，用來轉化為和平的力量。並更嘗試將他自己的思想，擴大及提升至中西文化的融合融通的層面，並以中華文化中的天、道與基督宗教神學相互對照，一如他自傳中所云要跨越東西方（Beyond East and West），促進中西文化的融合及達至世界和平。

從上述介紹可見，在西東大學任教這近二十年的時間裏，對吳經熊晚年思想的轉變，是有著極大的作用及關連，西東大學為他提供了一個從來未有過的穩定及和平的學術環境。處於漂泊異地的境況，感懷著去國千萬里的思鄉心情，讓他在心態上重新返回到他的族裔及文化的根源，特別是在美國這個有歧視少數民族背景的社會中，吳經熊更強烈地認同他引以為傲的中華思想及文化，在不斷努力下，逐漸開展出他事業及學術成就上的第二個春天，也成為了他一個嶄新的學術里程碑。他不斷撰寫有關中國文化的書籍，又教授中華文化文學的課程，更躬身力行地去創辦遠東學院及成立亞洲學系，並邀請大量著名學者來校作演講，推廣中國文化。

我們可以看到的是，他前半生在法學界上因顯赫的著作及成就而享有話語權，但來到美國這個新大陸後，隨著角色

及環境的改變，他失去了以法救國及治國的原動力，加上在學術興趣上的轉變，他已漸漸減低或失去了在法學界的話語權。但是在同一時候，他卻能成功地轉化，在對世界和平的追求上嘗試用東方智慧和中華文化來感化世界，團結追求和平的人士，他因此轉而擁有一種新的話語權，成為一個世界和平使者，這在吳經熊一生的成就來看，實在是一個新的突破及新的貢獻。

吳經熊的幼子吳樹德（John Wu, Jr.）在 2002 年曾公開表示：「在差不多二十年在西東大學的日子裏，我（吳樹德）認為這是他（吳經熊）一生中以學術成就及著書立說而言，最豐盛及多產的時期（the richest and most productive years in his life）⋯⋯若他仍在世的話，一定會十分感謝西東大學所給予他的一切。」他認為父親這一段在美國工作的時間裏，讓他很多的思想得以沉澱，而累積成無數的著作出版，提供給西方世界的讀者及思想界，這對美國漢學界的發展，有著促進的作用。

西東大學為吳經熊在晚年的學術思想，提供了沉思、反思、過濾及沉澱的一個重要環境，從而發展出他的一個新的學術里程碑及新的話語權。

在同一時間裏，西東大學也為吳經熊提供了一個安穩及和平的環境，使他在太太過世後作為單親父親仍得以養育及教養他的十三個兒子長大成人。在 2016 年在西東大學由我

及同儕們召開的「吳經熊國際學術研討會」上，我發表了一篇有關吳經熊在美國的日子的論文，英文題目是 "Professor John C. H. Wu in America: the Seton Hall University years, 1951-1968"。除學者專家與會之外，吳氏的眾多子孫也雲集西東大學，出席了研討會，討論及回憶有關吳經熊的生平、思想及事跡，場面感人。

在會後，吳經熊的一位孫輩 Ignatius Dino Wu 特別問我說，他不明白為何他的外祖父吳經熊會在事業上達到法學界至高顛峰的時候，卻突然抽身離去（reaching the height of the law profession and then walking away）。這個問題的答案，在我上面所作的分析中，應該是相當的清楚及明顯了。吳經熊大部分的子孫後輩，現在都是在美國生活及安家。

1968 年，吳經熊在西東大學服務了十八年後，因年紀已超過了當時教授法定退休年齡，宣佈正式離任。因子女已長大成人，再無後顧之憂，也有了新的伴侶，便選擇往台灣生活，度其餘年。但是他卻推卻了輔仁大學給他的法學院創院院長的職位，而往陽明山的中國文化學院任教，以延續他晚年對中華文化思想的學術追尋。至 1968 年 2 月 6 日病逝於台灣，結束這個時代中一位難得的著名大師的一生 —— 一位橫跨法學、哲學及文學三大領域並融合為一而又跨越東西方睿智的學者！

他的幼子吳樹德，跟隨父親促進中西文化交流的步伐，

亦在中國文化大學（前身為中國文化學院）教學至退休，並大力宣揚乃父吳經熊一生熱愛中國及中華文化的精神。他和我的講話，可參見 YouTube「西東大學紀念吳經熊研討會」的片段。

2. 祖炳民（John B. Tsu）

我於 1978 年秋季，獲美國西東大學之聘，出任亞洲學系助理教授職位，接替離任的祖炳民教授遺下的空缺，於是，我便順理成章地成為了他的接班人。當時，我才是個二十八歲的年青博士，要跟隨祖教授的成功步伐很不容易，只能戰戰兢兢地工作，盡量做到最好而已。

祖炳民教授的一生很不平凡，有著輝煌的事業。2008 年6 月 15 日，在他離世後三週年的一個追思會上，遺孀傅虹霖（Susan Tsu，紐約大學歷史學博士）總結亡夫一生的成就，她回憶說：「我的先生這一生，有四件事最令我佩服：第一，在美國學校開設中文課；第二，開辦雙語教學，創立了（西東大學）亞洲研究學系；第三，為華人參政敲開大門；第四，促進兩岸統一。」終其一生，祖炳民被世人譽為知名的教育家。

祖炳民教授的身世，有著一些解不開的謎團。他對外界說他是在 1924 年 12 月 1 日，在山東蓬萊出生，但我在西東大學校內的正式檔案中發現，他多次填寫的出生日期卻是提早整整十年，即 1914 年 12 月 1 日，出生地填寫中國河北

省，而非山東的蓬萊，而他在 2002 年一個獲獎的儀式上的自我介紹中，卻又稱出生地是在吉林省。我後來聽系內老同事說，祖炳民的祖先是滿族，來自中國東北，所以吉林之說應是較為可信，包括他的出生年份也應是 1914 年，所以在他離世時（2005），應已是九十歲的高齡了。

祖炳民早年在北京大學就讀，於 1937 年畢業後留學日本，1943 年在東京帝國大學法律學院畢業（他卻自稱是在戰後的 1946 年畢業），後移居美國，先後獲喬治敦大學（Georgetown University）政治及外交碩士，及美國復旦大學（Fordham University）政治學博士學位，博士論文是有關二戰後的中蘇關係。來美前曾在江蘇省一所大專教學，博士畢業後，曾在紐約一所中美機構任秘書長，1956 年，受賓州的杜肯（Duquesne）大學聘為政治系講師，但亦同時在西東大學遠東學院掛名任講師，主要是做研究工作，先後出版了幾本小冊子。

當時任遠東學院院長的薛光前教授（後轉往紐約的聖若望大學任教），對祖炳民十分賞識，邀請他加盟西東大學，但由於合約的原因，祖炳民要到 1958 年，才正式成為西東大學的教授，為遠東學院及政治系工作。從此，他的事業才開始在西東大學發展開來，與西東大學結下不解之緣。但祖炳民似乎對將學術研究作為他學術發展的道路興趣並不大，相反地，他卻是熱衷於成為中文教學與雙語教育的開拓者，這

在他在西東大學時表現得十分明顯。

遠東學院自祖炳民教授加盟後，院務的發展甚速，但是在制度上的發展，卻是面臨著種種的規限，妨礙了它的突破，因為遠東學院在大學管理的架構上，只是校內的一個研究機構而已，並不是正式的教學單位，所授學分並不能直接用於學生的畢業成績上，與學位無關。

但在祖教授的不斷努力爭取下，遠東學院的課程，在1960年成為了現代語文系及社會學系的副修科目，並終於在1961年2月1日成功創設亞洲學系（Department of Asian Studies），開始頒授碩士學位，1969年更增設學士學位課程。從此，西東大學的遠東學院與亞洲學系的關係，在制度上形成了雙軌制，互相分庭抗禮，亞洲學系重點在教學，而遠東學院則專門從事研究及出版的工作。

回顧這一段歷史，我們不難發現，遠東學院早期的發展，是後來衍生出的亞洲學系的孵化器，經吳經熊、薛光前及祖炳民等教授的努力下，這隻「母雞」，終於孵化出一隻後來發光發熱的「蛋」—— 亞洲學系！祖炳民除了是遠東學院院長之外，也順理成章地兼任亞洲學系的創系主任。

亞洲學系後來在美國發展成為漢語教學的龍頭之一，原因除了是祖炳民的努力之外，也是得力於美國政府的撥款支持。

因1950年代的美蘇冷戰，使美國感到在對外國溝通及

了解上不甚成功，亟需發展外國語文教育，以增強國防能力，而當時頗為落伍的語文教育，也應加強，所以美國國會在 1957 年通過了國防教育法案（National Defense Education ACT，簡稱 NDEA）。根據這個法案，教育部指定了中、日、俄、印度、阿拉伯五種語言為急需必修外語，並設法加速教授，聯邦政府決定撥款，促進這些語言的教學。法案公佈後，中文的地位因而立即提升，教育界反應極佳，在美華人亦熱烈支持。

在祖炳民教授的領導下，亞洲學系開始接受美國政府的教育資助，以及得到卡內基基金（Carnegie Foundation）的支持，開始大力發展漢語教學，並聘請德范克（John DeFrancis）及王方宇等著名漢學教授加盟，發展漢語教學的教材，特別是德范克所編寫的十二本漢語課本系列，受到廣大讀者歡迎，令亞洲學系的名氣進一步提升。

除了發展大學程度適用的漢語教材之外，亞洲學系的另一特色，是在美國首先提倡推進中小學內中、日語文課程，以及對於師資的培養與在職訓練。從 1962 年開始，美國政府支持西東大學訓練大量中日語師資，更於 1965 年開始，設立常年的師資訓練班，費用均由政府撥款資助，並聘請了多位漢語老師，包括馬淑嫻（S. H. Ma）、Theresa Morcom、蒲百瑞（Barry Blakeley）及楊力宇等人，這些教授們，也是我後來在系中工作的同儕。

而同一時間，在祖炳民及其他教授的鼓吹下，西東大學更發起在美國語言學會（Modern Language Association of America）內設立中國語言委員會（Committee on the Chinese Language），總部設在西東大學，其宗旨為促使美國各地中小學成立現代語文系，承認中文為現代語文。此外，亦致力編印中文標準教材，培養中國語文師資，以及劃一語文測驗標準等項目。

　　在祖炳民教授的領導下，西東大學的亞洲學系的發展，一步一步地從大學的漢語教學，到培訓漢語師資，再到後來更培訓中英雙語的中小學老師及行政人員，聲勢於是更為壯大。

　　說到中英雙語教育的發展，不得不提一提當時美國的教育環境，因為它與新法例的通過是息息相關的。

　　自從美國總統約翰遜（Lyndon B. Johnson）於 1965 年修改移民法以來，每年大批新移民不斷地湧進美國。而這些新移民中，起碼有三分之一以上是學齡兒童，其中不少不諳英語。若用傳統方法只用英語教學，英語程度不足的新移民學生肯定無法適應及學習，因此用雙語（英語及學童的母語）方法來教學，便應運而生，其主要目的是幫助學生，使他們能透過自身的母語來理解課程內容，同時也學習英語，達到美國教育的目的。

　　早期的雙語教育，由人數眾多的西班牙語裔學生壟斷，

華人學生受益很少。華人學生（由劉池光代表）於是以教育機會平等為理據，告上法院來爭取，一直到 1974 年聯邦大法官判決劉案勝訴，自此以後，中英雙語教育在美國的發展遂日進千里。在祖炳民教授極力爭取下，向聯邦政府及卡內基基金會爭取得大量雙語教育的資助，雙語教育培訓遂成為了亞洲學系另一個新的特色及發展方向。

1974 年，西東大學亞洲學系增設雙語教學專修班，夏威夷大學著名教授楊覺勇（John Young）亦受聘加盟雙語教育行列，次年起，亞洲學系與紐約大學（New York University）的教育學院合辦中、日文雙語教學博士班。自 1976 年起又與本校的教育學院合作，設雙語教學的學士、碩士及教育博士（Ed. D.）課程。我在 1978 年加入西東大學工作，接替離任的祖炳民教授。及後多年，我在教學之外，也兼任亞美雙語教育課程的主任，並成功申請到大量的聯邦政府資助，教育及培訓大量雙語人材。

由於雙語教育在美國迅速推展，因此對出版雙語教育所需的教材，也有著急切的需求。西東大學再獲聯邦政府的資助，成立針對亞裔學童（中、日、韓三語）需要的雙語教材編纂中心，名為亞美雙語教育教材發展中心（Asian Bilingual Curriculum Development Center，簡稱 ABCD Center），編寫中、日、韓三地的社會學科教材及標準測驗試題，與及有關文化等方面的教材，精通中、日語的楊覺勇教授，及他的韓

裔太太 Peggy Chang 一起主持 ABCD Center 的業務，時著名文學家王鼎鈞亦參加編寫教材的工作，與我時有往還。

而中、日、韓文與英文對照之雙語教材的編纂亦於 1976 年 9 月開始，先以初中為對象，並開始編纂美國史、世界史及地理教科書等三種，後來更增編公民、都市發展及華語等等科目的教科書。

從上可見，漢語教育及雙語教育在多方向的發展，西東大學亞洲學系在祖炳民教授的熱心及努力推動下，漸漸成為美國中文教學及雙語教育的先驅，佔著領導的地位。祖教授在看到亞洲學系的發展日趨成熟及已具規模後，於 1977 年決定離開西東大學，轉往西岸的三藩市大學（University of San Francisco）出任多元文化及雙語教育研究所所長，在美國的彼岸繼續推動漢語教育及雙語教育事業。

祖炳民教授一生特別重視美國中文教育的發展，誠如他所言，他的理想是要與他同道的漢語老師，「把中國語文傳入世界最強大的美國，把中國文化散在世界的另一半球。各在不同的角落，開拓中文教學的田園，播植種子，熱心灌溉，辛苦耕耘，希望這些幼苗，能夠結根茁長，發幹生枝，開花結果，溢香惠人。這個偉大的創舉，是中國五千年歷史上不可抹殺的一頁。」

祖炳民的另一重要理想，也是為世人所津津樂道的，就是他的積極參與美國主流政治，並鼓勵及推動華人參政。

多年來，祖炳民受尼克遜、福特及列根總統的任命，歷任白宮教育委員會委員，推動在美的中文教育。1971 年，他結識當年任聯合國美國大使的老布殊（George Bush），此後，與布殊家族建立深厚友誼，從此廣泛涉足美國主流政治，對布殊家族政權後來三十年的亞裔政策，帶來深遠影響。

1989 年，老布殊總統任命祖炳民為總統人事部顧問委員會（The Presidential Personnel Advisory Committee）主席。2001 年，又被小布殊（George W. Bush）總統任命為白宮亞太裔顧問委員會（Advisory Committee on Asian Americans and Pacific Islanders）主席。利用這些關係，祖炳民開始積極培育新一代的華裔政治力量，先後成功推舉多名傑出的亞裔人士進入政府機構服務，例如曾任勞工部長及運輸部長的趙小蘭（Elaine Chao），即是由祖炳民極力推薦入閣的。

祖炳民為美國五月舉行的「亞裔傳統月」（Asian Heritage Month）也作了不少的推動工作，功勞至大。他是被譽為華裔菁英會的「百人會」（Committee of 100）的主要會員，亦為三藩市的亞美政治教育基金會（The Asian American Political Education Foundation）會長，積極推動華人參政。

祖炳民晚年的工作之一，是關心祖國的政治問題，努力推動中國內地與台灣的統一。之前，亞洲學系的另一位教授

楊力宇，於 1983 年在北京與中國領導鄧小平晤面，鄧當時提出對中國統一的構想，即日後的「一國兩制」模式。祖炳民利用他在美國政府內的影響力，企圖斡旋兩岸政府之間的矛盾，以推進及完成中國統一大業。但中國提出的「一國兩制」方案，與當時台灣的領導人所倡支持台灣獨立的「一邊一國」反建議相違，祖炳民的努力不得要領，最終無功而還。

2002 年 4 月 28 日，祖炳民教授重返西東大學校園，接受大學頒發給他的「終身東西文化交流教育成就獎」（Life Achievement in East-West Education Award），表彰他多年來在推動亞美文化與東西文化交流上所作出的特殊貢獻。典禮由西東大學校長西朗恩（Robert Sheeran）及名譽校長墨菲（Laurence T. Murphy）主持，我那時任亞洲學系的系主任，亦參與盛會，並與祖教授相談甚歡及拍照留念。祖夫人傅虹霖博士也有出席，嘉賓包括眾多政學界人士、吳經熊教授的後人，與及于斌主教的親友及僑界人士，大家都向祖教授致賀，場面十分隆重熱鬧。

2005 年 2 月 26 日，祖炳民教授在臥病逾年後因肝癌導致心臟衰竭病逝於加州灣區的戴利市（Daly City），終年九十歲。美國各地舉行了多場追思會，並籌備成立祖炳民獎學金，以及成立由遺孀傅虹霖任董事會主席的祖炳民教授文教基金會，延續他浩瀚的文教工作。

2007 年 9 月 16 日，我當時仍是亞洲學系的系主任，收

※ 與同系前輩同事祖炳民教授合照

到祖太太虹霖女士給我寄來一封長信，信中說：「我相信亞洲系在您領導下，系務一定會蒸蒸日上，炳民在天之靈也一定會感到高興和安慰，因為有您這位心地善良、有才華、優秀能幹的教授接管他一手創辦的 Asian Studies Dept.，將來會繼續發揚光大，培養更多的中國人材。炳民去後，我和幾位朋友成立一個祖炳民基金會……到時我一定會在西東大學成立一個祖炳民紀念獎學金。」她的這番語重心長的話，給我無比的鼓舞，也令我十分的感動。

擅繪西洋畫的祖太太，也於 2018 年 10 月 24 日在加州辭

世，鶼鰈情深的祖炳民夫婦，同葬於柯爾瑪（Colma）市的墓園內，永遠長伴一起。

3. 王方宇（Fred Fangyu Wang）

　　王方宇教授是我初入西東大學亞洲學系任教時的前輩同事，即使他退休後，仍經常回校，作客席教學、演講或書法展覽等活動，和舊同事們仍有往來。人說他是國學的「活辭典」，我從他處學到不少寶貴的知識與學問，與他可說是亦師亦友，留有珍貴的回憶。

　　王方宇教授是著名的語言學家、書法家、古物收藏及鑒賞家。女兒王珊憶述父親時曾說：「他（王方宇）一生中感到自豪的事情有三：一是教授中文方面，曾編過不少的字典及中文教科書；二是在畫家八大山人（朱耷）的研究上可說是最透徹的；三是在新體書法的創作，將書畫融合為一也頗有建樹」，指的就是他自成一家的「墨舞」（Dancing Ink）書法。

　　王方宇於 1913 年出生在北京一個地位顯赫及頗為富裕的家庭，父輩曾為清宮製作珠簾，他在家中六個孩子中排行第二。家中擺放著大量珍貴的中國傳統物品，包括美術和書法作品。幼年的王方宇，就是在這個重視文化的環境中長大，三歲時即臨習書法，這是因為家人希望他將來入官場而提早作準備。

王方宇在自己的寫作中曾提及，他在十四歲時便入讀一所專門教授書法與國學的學校，使他對書法的認識及訓練受到了專門的教育。他又說在中學的時代，他就對京劇沉迷，達到了如癡如醉的程度，每天放學後的第一件事，就是跑到京劇名人王瑤卿老先生的家裏，看他說戲，聽他調嗓，完全沉醉在濃濃的國粹氛圍中。1936 年，他畢業於北京的輔仁大學教育系，但由於 20 世紀上半葉中國處於戰爭及混亂的政治局面，對他入官場的前途及理想的追尋，有著無比的打擊，他因而萌生去國的思想，遂於 1944 年赴美留學，於 1946 年從紐約的哥倫比亞大學畢業，取得教育碩士學位。

　　就在他在哥大還未畢業時，王方宇便被耶魯大學的遠東語言學院（Institute of Far Eastern Languages）羅致，開始在美國教授中文課程，這份工作以他的能力來說是遊刃有餘，但更重要的是，這工作同時也提供給他一個發展興趣與事業的平台。他在耶魯除了教學之外，還編寫了各種華文教材，例如《華語對話》（*Chinese Dialogues*）及數冊的《華文讀本》（*Read Chinese*）。1965 年，他從耶魯大學轉到西東大學任教，編寫了更多有份量的作品，例如：《文言入門》（*Introduction to Literary Chinese*）二冊，與及《漢英辭典》和《英漢辭典》等。

　　王方宇的教學方式十分嚴謹，而幫助學生的方式亦是細心而又不著痕跡。據他的一位學生後來回憶說，四十多年

前，他因為找不到暑期工，王方宇教授就找他幫忙翻譯寫書目，過程中，他遇到字詞用法的難題去請教王方宇時，王師總是眼睛一翻說：「你說呢？」學生沒有辦法，只好自己去琢磨，後來才發現，王方宇的哲學是「一人領你進門，以後還要靠自己奮鬥」，但是，在緊要關頭上，他還是會拉你一把。

王方宇教授在西東大學的工作是全職的，但是，他仍能夠找時間去探索另外一些感興趣的領域，例如開發出第一個中文教學的電腦程序，在那個時期，這是帶有開創性的。他在教育領域建樹頗多，更多次獲得獎勵，包括西東大學授予他的榮譽博士學位，以及中文教師協會 1970 年所頒發的教師年度獎等。從他的成就可見，王方宇一生都在美國積極推動中文教學，把漢語推向西方世界。而在教學之外，他也曾擔任亞洲學系系主任一職（1972-1974），雖然他對行政工作的興趣不大，不過也曾擔任西東大學的東方藝術館的館長，直至 1978 年退休為止。

王方宇在教學之餘，並沒有放棄在學術研究、繪畫、書法等傳統人文領域的探索。除了是一名從事漢語教學的出色教育家外，他也是一位國際著名的古畫收藏家及鑒賞家，特別是在他自己也引以為傲的八大山人的研究上，令他的名氣更上一層樓，蜚聲國際。

中國畫家八大山人，是指明清兩代畫家朱耷（1626-

1705），他因作畫不多或多已失傳而不為後世人注意，是王方宇的不斷努力，才把八大山人的畫風重現於世人眼前。

王方宇與八大山人的隔空情緣，是有著一段迂迴曲折的故事。據兒子王少芳的回憶，他的外公（母親沈慧的父親）喜歡收藏古畫及古董，其中有八大山人的藏品，他特別喜歡王方宇，以女兒許配給他，沈慧也欣賞王的才氣及書法。也許從那時起，王方宇便開始對八大山人產生興趣，這是他與八大山人結緣的開始。

在美國，王方宇亦因興趣相投而與旅美的國畫大師張大千時有往還，張亦藏有一批八大山人的作品。那時因要買房子需要現金周轉，張大千有意出售一批手上收藏的古畫，包括八大山人的作品。王方宇亟欲收購，但是手上苦無大量現金，還是張大千慧眼識英雄，認為這些作品若託付給王方宇，會得到妥善的保存，也更能發揚藝術的價值，遂答應王以分期付款方式購買，於是這批二十餘幅的八大山人珍貴作品，便轉至王方宇手中，王方宇從此走上了研究八大山人的專業之路。此後，王方宇耗費數十年之力，繼續收集，總計共藏得八大山人之書畫作品七十多幅，珍貴書畫照片一千多幀，成為海內外最重要的八大山人書畫收藏家與研究者。由於他潛心進行研究，學術成果豐碩，在中外學術界影響很大，成為這一研究領域的權威。

1970 年，時在西東大學工作的王方宇，將之前所寫的

文章結集出版為《八大山人論集》，之後，便有人來請他鑑賞畫作。在 1978 年退休後，王方宇更專心於對八大山人的研究。1990 年，他還和耶魯大學藝術史教授及老朋友班宗華（Richard Barnhart）合作，出版了一本《荷園主人：八大山人的藝術生活》〔*Master of the Lotus Garden: The Life and Art of Bada Shanren（1626-1705）*〕，這書的書後附有王方宇認為是八大山人所繪真跡的圖片，這對當時收藏界有較大的影響，也在某程度上成為了衡量八大山人作品的標尺。

王方宇雖是桃李滿天下，但與他一位早期的漢語學生安思遠（Robert Hatfield Ellisworth）卻結緣尤深，安思遠後來是美國甚至是世界上一位著名的大古董商兼收藏家。師生兩人十分投緣，安思遠曾回憶說，王方宇是生活在現代的「中國傳統士大夫」，他身處現代化的美國，卻按照中國古代士大夫的生活方式生活著，在王辭世之後，便再少有真正意義上的中國傳統士大夫，因而他的辭世，標誌著一個時代的結束。王方宇去世後，其子王少芳根據父親遺囑，並承安思遠的協助，將王方宇所收藏八大山人書畫作品的精華，捐贈給華盛頓州的佛利爾藝術博物館（Freer Gallery of Art / Smithsonian Institute）作永久保存，以供後世人欣賞。

但是，王方宇教授在藝術上最大的貢獻，還是在書法上的創意。

由於幼年的環境及書法的訓練，王方宇熟練地掌握六種

※ 與早期的系內部分同事合攝（前排右二為王方宇教授，中為楊覺勇教授，我在左一。）

書體：甲骨文、篆書、隸書、草書、正楷書和行書。作為一名書法家，他掌握了書法傳統制式的實踐方式，在遵循書法傳統教育與訓練之上，播下靈感的種子，從而創造了個人獨有的新書法形式。而這裏所說的新，並非完全摒棄過去，而是立足於傳統精髓，但「使之現代化」，從而扭轉其傳統主義的身體認同，在進程中，創作了一種革新的書體 ——「墨舞」（Dancing Ink）。

他的「墨舞」，是在他鑽研八大山人時所得到的啟發。王方宇在研究八大山人作品的過程中，受到八大山人書法思想「書法兼之畫法」、「我自用我法」的啟發，並把這個當作

書法的最高境界，不斷探索變革時代的創新書法，使自己寫出的字，在筆劃和整體的佈局方面，都體現出八大山人的韻律和妙趣，透露出一股縱橫奇偉、拙樸率直的豪氣。

「墨舞」結合了王方宇的學術才能和藝術情韻，以他「五條自然法則」（協調、變化、平衡、力量、運動）為基礎，而從八大山人作品中汲取靈感。王方宇透過「墨舞」，而釋放出一種他內在的創造能力於其書法作品上。

王方宇的書法與一個字相關，這就是「舞」字。他打通繪畫與書法的界限，以繪畫之法為書，賦予書法以舞的節奏與韻律，其書法曾經給予舞蹈家以靈感，影響了一些中國舞蹈藝術家。王方宇創造了大量以「墨舞」二字為表現對象的書法，他在西東大學出版的個人書法集就是以「墨舞」為名，他對書法中「舞」的精神特別的重視，創出「書中有畫」的「舞意」書法。

「墨舞」書法將象形和動作結合，各家對其都有很高的評價，著名書法家啟功先生曾說：王方宇書法不但舉墨見功夫，而且別具巧思，走在時代前列，從始至終，是中華民族的風格，是藝術的精華。Ingrid Larsen 及 Zhu Zhenhua 合寫的書《心畫：王方宇的藝術》（*Picture of the Mind*），也對他的書法讚譽有加。

王方宇教授與我共事於同一大學及同一學系，他退休後亦常回校，大家見面及傾談甚多。我十分慶幸擁有一幅他特

※ 王方宇教授所贈墨寶

別為我而作的「墨舞」書畫及一本他題款的「墨舞」書畫集。
事緣於 1992 年我獲西東大學晉升為正教授，方宇先生特送
來他的墨寶致賀，用他的新體書法墨舞寫上「飛」字，字形
像是龍在躍飛沖天，下款為：「龍飛在天，利見大人」。他並
將一本墨舞的書畫冊相贈，書名就是《墨舞》（*Dancing Ink:
Pictoral Calligraphy and Calligrahic Painting*）。畫冊上題著：
「伯華教授晉升紀念，王方宇敬請指正」。他的盛意隆情，令
我十分感激，並將所贈珍藏至今，更把墨寶懸掛在家中大廳
上，朝夕欣賞。

王方宇教授一生在學術、藝術及鑒賞各領域上的輝煌成績，至今仍為人津津樂道。他有一句常掛在嘴邊的話：「活在興趣之時」。這是一句符合中國古訓的話，也是一句涵義豐富的話，他的興趣激勵並驅使他在學術上及藝術上嶄露頭角，並贏得廣泛的讚譽，而在他的交往圈中，他始終保持著罕有的謙遜品格。

與王方宇結婚四十多年的太太沈慧，是一位賢淑而又熱情典雅的女子，經常陪同夫君出席校內外各種活動，在西東大學時與我們常有聚面，由於她與我同是來自香港，可用粵語交談，因此倍覺親切，而我太太亦嗜丹青作畫，所以與她亦有著共同的話題。

就在王方宇教授逝世前的一年多，沈慧不幸因病辭世，這對王方宇打擊十分大，他從此一直不開心，身體也變差。1997 年 10 月 6 日，這位在藝壇及杏壇上被稱為最有「文人風範」的王方宇，因心臟病開刀手術後情況惡化而離世，享年八十四歲，遺下三子女。作為學者、收藏家與藝術家，王方宇深刻獨到的見解，令後輩景仰，他寬厚熱情的個人風範，亦令許多友人思念。他逝世後，友人成立王方宇教授紀念基金會，推動學術及文藝工作，延續王方宇的精神及使命。

4. 德范克（John DeFrancis）

德范克是美國漢學界的一個傳奇人物，他在西東大學工

作時所編寫的十二本漢語教材，被稱為「德范克系列」（De Francis Series），是上世紀 60 至 90 年代西方世界在漢語教學上普遍使用的教科書。其後他更編寫了多套漢語教科書及辭典，聲譽在美國的漢學界如日中天。

為紀念德范克這位漢語教學巨擘在西東大學的成就及貢獻，2009 年 5 月 16 日，西東校園裏舉辦了一場特別的討論會，研討及緬懷他在學術上的傳奇一生。這討論會是大紐約區中國語言教師協會（CLTA of Greater New York）所籌辦的第七屆紐約漢語教學國際會議上其中的一個學術討論活動。大會由我當時任系主任的亞洲學系作為會議的主人，利用這個機緣，我特別在會中組織了這個紀念德范克的專題討論會，緬懷這位西東大學的前輩同儕。

這個討論會的名稱是「德范克在西東大學 —— 懷念一位著名的漢語研究學者」（John DeFrancis at Seton Hall University: in Memory of the Renowned Chinese Studies Scholar），我作為討論會的主席，首先發言來介紹他的生平及著述，另有耶魯大學孟德儒（John S. Montanaro）教授發表演講，他是我系的早期畢業生，曾在系中擔任講師多年才轉往耶魯。此外，參與討論的還有我系的陳東東教授及我校語言資料中心（Language Resource Center）主任威廉絲（Wendy Sue Williams），大家對德范克一生的成就及貢獻有著詳細的討論，會議十分熱烈成功，獲得很大的迴響。

回顧德范克教授的一生，他可說是有著一個很不尋常而又輝煌的經歷。

德范克1911年8月31日生於美國康州的一個貧困家庭，父親是勞工，母親未嘗接受正式教育，但德范克仍努力勤奮向學，於1933年獲耶魯大學經濟學學士學位。時美國正值經濟大蕭條時代，經濟環境十分惡劣，他學非所用，找不到工作，他的父母有一位在中國傳教的朋友，說服他到北京留學，希望他以後能更順利找到工作。從此，德范克開啟了他往後的中文職業生涯，花了三年時間在中國學習及旅行，並結識了後來的妻子嘉芙蓮（Katherine Wilson，暱稱Kay）。

在中國時，他曾受到著名作家魯迅的啟發，魯迅主張通過中文拉丁化來使中國語文現代化，這對德范克後來的影響很大。那時他開始調查並研究國家的語言政策對文盲人口可能產生的影響。

由於在中國的經歷，使他對漢語研究大感興趣，回美國後，入耶魯大學攻讀碩士課程，專攻亞洲語言，1941年畢業後繼續攻讀博士，成為由語言學家佐治·甘迺迪（George Kennedy）教授在耶魯大學創建的中國研究計劃的第一個博士研究生，但他後來卻轉往哥倫比亞大學攻讀漢學博士課程。

1947年，在他還未拿到博士學位時，便已取得教席，獲約翰斯霍普金斯大學（Johns Hopkins University）的彼

茲國際關係學院（Walter Hines Page School of International Relations）聘請為助理教授。學院由歐文·拉鐵摩爾（Owen Lattimore）教授主持，德范克於 1948 年完成了博士學位的要求，安定下來和拉鐵摩爾一起講授語言和歷史，以及進行有關語言政策的研究。

但在當時國際上冷戰的環境及美國所謂「失去中國大陸」（Loss of China）的反共情況下，曾於中國任職的拉鐵摩爾在 1949 年成為反共的美國參議員佐瑟夫·麥卡錫（Joseph McCarthy）的目標，被指控是美國共產主義的首要鼓動者，但德范克在被傳喚出庭作證時，卻激烈地維護他的上司，結果導致他被解聘，失去穩定的工作。

時美國政壇充斥著濃厚的麥卡錫主義（McCarthyism），包括德范克在內的許多與中國研究有關的學者皆被列入美國大學的黑名單上，使他多次申請也無法找到合適的教學工作，在怨憤驅使下，他放棄了漢學，並在養妻活兒的壓力下，充當電器推銷員但失敗收場，後來終於在康州紐海文（New Haven）的一所私立學校裏擔任數學老師，直到 1961 年，獲西東大學的臨時聘約，命運才改變過來，把埋藏在心中對漢語研究的興趣，重新燃點起來！

西東大學在 1961 年成立了亞洲學系，與遠東學院並駕齊驅地發展漢語教育及亞洲研究。時任亞洲學系系主任及遠東學院院長的祖炳民教授，獲得一筆由聯邦政府撥給的款

項，發展漢語教育課本。祖教授於是寫信給德范克，約他面試。據說仍然感到悲觀的德范克，把信件丟入廢紙簍中，但終被妻兒勸服而重新考慮。面試後，祖教授給他一份為期六個月的試用合約，負責編寫一年級的漢語課本。

德范克接受了任務，並且如期提交稿件。祖教授利用這項成果成功再獲得次高一級課本的聯邦資助，最終將最初的六個月經費承諾，變為數十萬美元的聯邦資助，由德范克編成一套十二冊初、中、高級漢語教材，由耶魯大學出版社替西東大學出版，這就是人稱的「德范克系列」。

這套「德范克系列」課本成為了數代美國從事中國研究的學者所熟悉並獲得許多人喜愛的教材。在上世紀 60 至 90 年代裏，這些課本是西方世界的漢語教室中最被廣泛使用的資源，至今雖有更多較新的各種各樣漢語課本出現，但「德范克系列」仍被一些學校繼續採用。

這套漢語教材共十二冊，包括初、中、高三個等級，每一等級都有拼音讀本、漢字課本和閱讀課本，這書並附有錄音帶來輔助學習。這套教材也是美國首先採用漢語拼音的教材，對美國中文教學界產生了巨大的影響。後來，就在德范克逝世之前，鑒於書中部分口語教材顯得有些過時，他決定和耶魯大學的孟德儒教授合作，修訂新的《初級漢語讀本》Ⅰ和Ⅱ及其他各冊，但工作未完便離世，由孟德儒繼續完成。

除了編寫「德范克系列」這套教材之外，德范克對漢學界還有一項重大的貢獻，就是編著了《ABC 漢英辭典》。這辭典的特色是：「所有詞目，不管是單字詞或是多字詞，都完全依照漢語拼音字母順序排列 …… 改變了通常採用的先排音節、後排漢字的『音節、漢字雙層序列法』，具有首開風氣的革命意義。」（引梅俊傑語）。

另一本德范克最著名的學術作品是 *The Chinese Language: Fact and Fantasy*（《漢語：事實和幻想》）。他在這本書中駁斥了一些關於漢語的普遍錯誤概念，同時也在多種問題上闡釋了他自己的理論和看法。

據西東大學所藏檔案顯示，當時亞洲學系的概覽中有將德范克列為中國語言學教授，但他主要的工作實為編寫教材而非教學。他應是一名研究教授，因為當時系內已聘請由耶魯大學轉過來的中國語文教授王方宇，另外還有中國語文教師魏黃艾玲博士、Theresa Morcom 博士及馬淑嫻老師等人教授漢語。

又據資料顯示，1962 至 1966 年間，當德范克仍在西東大學工作時，他也兼任美國中國語文教師協會（CLTA）的理事長一職，該會當時的總部就設在西東大學之內，後來他也兼任該會出版的期刊（Journal of CLTA）的副編輯多年。而在 50 年代時，他亦曾任美國東方學會（American Oriental Society）雜誌的副編輯。

回顧起來，德范克利用在西東大學工作的機緣，使他在最低沉的時候，有機會在學術的道路上重新再出發，向他一向醉心的漢語研究努力，編纂教材、教科書及專著。他的名氣遂從西東大學工作期間開始冒起，作品出版以後，名氣日升，以至於 1966 年被夏威夷大學挖角聘請至該校任教。

　　德范克的轉校他往，實在不是原本聘請他來西東大學的祖炳民教授所料得及的，但他不啻是德范克的「伯樂」，而德范克編寫的漢語教材系列的成功，也帶給西東大學亞洲學系在漢語教學界裏一個更高的名氣和領導地位。

　　1966 年德范克離開西東大學，但仍掛名為休假中的研究教授。他在夏威夷大學參加該校的中國語言計劃，這計劃是由楊覺勇（John Young）教授領導下設立的，有趣的是，楊教授不久卻離開夏威夷大學而轉往西東大學任教。與德范克同校教授漢語的，還有一位西東大學亞洲學系的畢業校友姚道中教授。德范克在夏大工作至 1976 年退休為止，妻子 Kay 於 1970 年因胰腺癌去世，其後四十年，德范克仍留在夏威夷的住所，在那裏繼續懷念愛妻。

　　德范克一生的事業跨越了七十年的時光，其研究主要集中於漢語教學、語言政策、文字系統分類、教學工具和文字改革等方面，在漢學界的成就及貢獻是有目共睹的。在退休後，他還出版了九本書，但是健康情況卻日趨惡化。2000 年，他的心臟科醫師在他的病歷中記下：「他在上一次體檢後

※ 在西東大學舉辦學術討論會紀念同系前輩同事德范克
　教授（左一為同事陳東東教授）

寫了三本書！」可見他在病中仍努力不懈地寫作，態度令人
欽佩！在他去世前兩年，他的音樂家兒子 Chuck 特從美國東
岸亞特蘭大（Atlanta）的家，搬回夏威夷陪伴病重的老爹。
2009 年 1 月 2 日，德范克以幾乎是百歲的高齡辭世，令漢
學界的人士惋惜不已。作為一個熱愛中國文字及文化的美國
學者，他成功地把中國的語言傳授給西方人士，讓漢語在美
國的大學校園內遍地開花，中學西傳，德范克教授是功不可
沒的。

　我的一位西東大學同事陳東東教授，寫了一篇文章來

紀念德范克一生的經歷及貢獻，文章題為：〈走出逆境、為中文教學界創業：紀念德范克〉（"Commemorating John De Francis: Surmounting Obstacles to break New Paths in Chinese Language Education"），文章載於凌志輯輯的一本書內，可供參考：Vivian Ling, *The Field of Chinese Language Education in the U.S.: A Retrospective of the 20th-Century*（2018）。

5. 馬幾道（Gilbert L. Mattos）

美國著名漢學家馬幾道教授是我的一位同事，與我同在一學系中共事多年。可惜他卻在才六十三歲時便因病早逝，天妒英才，令人十分惋惜。

馬幾道逝世後，北京大學中文系教授裘錫圭稱讚他「是一位優秀的漢學家」，兩人惺惺相識，感情甚深。普林斯頓大學教授柯馬丁（Martin Kern）更說：「馬幾道是西方學界中極為少有的古文字研究專家」。賓夕法尼亞大學教授金鵬程（Paul R. Golden）深覺馬幾道的離世，使「學術界損失了一位最一流的首要研究古中國文字的語言學家及金石學權威」。由此可見，中外學界對馬幾道的早逝，都是同聲一哭，悲慟不已。

馬幾道於 1939 年 6 月 24 日出生於美國加州的聖拉菲爾鎮（San Rafael），在該地的一所二年制的馬琳學院（College of Marin）攻讀副學士學位後，轉往三藩市州立學院完成學士

學位，主修國際關係，副修即為中國語文，從而開啟了他對漢學的興趣。研究院在華盛頓大學攻讀，並取得傅伯萊獎學金（Fulbright-Hays Grant）赴台灣進修中文。1973 年，他從華盛頓大學取得博士學位，專攻中國語言文字及語言學、音韻學及金石學。

但馬幾道早年的學術道路卻並不暢順，曾在商界及政府部門工作多年，後在台灣的中山大學及中國內地的天津外語學院任教，至 1985 年回美，在波士頓學院短暫任職講師，教授中文。1986 至 1990 年，他又回到中國，在北京外語師範學院的 CET 中國語文培訓中心（CET Chinese Language Training Center）當駐校主任。1990 年獲西東大學亞洲學系聘為助理教授一職，後升任副教授，直至 2002 年離世。

馬幾道的學術興趣是中國古文字學，在研究上是極為專門的學科，涵蓋金石學、音韻學、語言學等學問，因此極需要有高深的中國古文字水平。他的博士論文是研究秦代的石鼓文，後修改成書出版，書名為《秦石鼓》（*The Stone Drums of Ch'in*），是一本為研究秦石鼓文的難得專書，他也曾發表有關青銅器銘文及《詩經》音韻學的文章，深獲學術界的好評。

後來，他與另一位漢學家羅傑瑞（Jerry Norman）合作，用英語翻譯北大中文系裘錫圭教授的大作《文字學概要》，在翻譯過程中，馬幾道的態度十分嚴謹，不斷與原作者確認細

節。據裘錫圭的回憶說：「（他這英譯）付出了艱鉅的勞動。在翻譯過程中，他還指出了原書的一些錯誤，如秦公簋是民國初期出土的，而不是清代出土的，足見他的謹嚴細密的學風。他跟我家有二十來年的交誼，我們全家對他的不幸逝世都很悲痛。」足見兩人在學術上的交流及感情上相交之深，是中美學術文化交流上的一個典範。

在芝加哥大學教授夏含夷（Edward L. Shaughnessy）主編的《中國古文字導論》（*New Sources of Early Chinese History: An Introduction to Reading Inscriptions and manuscripts*）之中，馬幾道發表了一篇文章，題為〈東周青銅器銘文〉（"Eastern Zhou bronze inscriptions"），後來這文章被中國的陳劍教授中譯出版，與國內的學者共享。此外，馬幾道亦在不同的學術期刊發表文章，例如《國際簡帛研究通訊》（*Newsletter of International Research on Bamboo and Silk Documents*）、*Early China* 及 *Monumenta Serica* 等著名學術刊物，並介紹中國著名語言學家李方桂及周法高等人給西方學界，做了不少促進中西文化交流與學術合作的重要工作。

1990 年 9 月，馬幾道受聘來西東大學亞洲學系任教，除了教授漢語外，還兼任中文課程部主管。他的辦公室，正好在我辦公室的對面，多年來一起共事，我們見面的機會及時間甚多，也無所不談，所以對他的印象也特別深刻。

馬幾道長年受中華文化的薰陶，對中國的語文及古典

※ 與兩位同系同事合攝，右為馬幾道教授（Gilbert Mattos），左為蒲百瑞教授（Barry B. Blakeley）。

文化極表欣賞及喜愛，是一個真正的謙謙儒者，為人處事謙遜而低調，盡量避免與人摩擦或衝突，因此也有一點道家之風，像是個儒道合一的混合體。

來西東大學後，在每年暑假的六月份，他都願意帶一群美國學生往中國訪問及學習，讓他們去親自感受中華文化之美，與中國學生互相交流，學習中文。這個稱為 "June in China"（六月在中國）的暑期班項目，十分受到學生的歡迎，也大大促進兩國的大學生之間的互動及中美的文化及教育交流。在 1997 年的這個訪中暑期班裏，由於當年的 7 月 1 日香港回歸中國，我特別與他合作，安排美國的學生除訪問北

京、西安及上海之外，也去香港訪問，見證香港回歸祖國的懷抱。這是一個歷史性的時刻，我特別想方設法取得多個回歸典禮及活動的入場票，讓學生們能參與，作為香港回歸的歷史見證人，這難得的機會讓學生們十分興奮，覺得很有意義，並對香港留下了深刻的印象。

1999 年，馬幾道獲選為亞洲學系系主任，但同時繼續兼任中文課程部主管，因此多了很多行政的工作，要承受沉重的壓力，也相對減少了他在研究工作上的時間，他似乎不甚接受及適應這種工作上的轉變，在我們平常的交談中，他有時也表現出對行政工作的一些不滿及無奈，而不幸地他的健康情況亦開始變差。

2002 年的 11 月，有嚴重血糖問題的馬幾道住進醫院，醫生說他的肝功能已壞死，得要進行換肝手術，但在等候適當的捐肝時，他卻已於 12 月 12 日在醫院病逝，終年六十三歲，校內的同事及學生們都感到十分難過，他的一位助教何曼（她後來攻讀博士並在美國大學教學）悲慟之極，痛哭不已，令大家倍添傷感。

就在他病重彌留之際，大學已委任我繼任為系主任，處理系內的行政工作，並幫忙處理他的身後事宜，而系內教授亦投票正式選舉我為系主任。

在他的追悼會上，很多教授同事、學生及外界的學者都來參與，同表哀思，追念這位早逝的傑出學者及教育

家。我代表系方致悼詞，就在與他道別之際，百感交集的心情湧現心頭了，表現在我的悼詞上，我說：馬幾道教授這位謙謙的儒家君子，得入孔子的門牆，對人忠誠、謙謙有禮，對學生有教無類，因材施教，在美國的大學校園內促進漢語教育及亞洲文化，讓美國學生認識到中西文化融合的需要及重要性。他對中國的感情是真摯及感人的，在他的遺囑中，他要求家人將他的骨灰除了灑在他美國加州的故土上，也要灑在中國這片他深愛的土地上，令他的魂魄長繞中國，他這遺願，深深地表現出對中國的繾綣之情，實在令人十分感動。

他死後的第二天，他的華裔遺孀告訴我說，馬幾道對我留有很好的印象，對我作為一個學者及教師，他致以最高及尊崇的敬意與欽佩（Gil always had very high respect for you as a scholar and an admirable teacher）。聽了這些轉述自馬幾道的話，令我對這位深愛中國的美國謙謙學者與多年同事的驟然離去，倍覺傷悲，他對我的隆情厚意及欣賞與尊敬，更令我對他永誌不忘！

馬幾道作為一位美國學者，對中國卻是深情地愛慕，畢生投入鑽研古中國文字的學問，在西方世界裏將它發揚光大，更與中國學者合作，發揚中華文化，共同促進中西文化及學術的交流，致力於將東風西漸及中學西傳，這種堅持學術的高風亮節，實在值得世人所景仰。

6. 蒲百瑞（Barry B. Blakeley）

蒲百瑞教授是國際著名的中國上古史專家，與我同在西東大學亞洲學系工作，一起共事二十多年，因此與他互動、合作與交流的機會甚多，特別在教學課程的工作分配上，他負責中古中國及亞洲史，我則負責近代的部分，經常有互相協調的需要，所以大家有著專業上及交情上的緊密關係。

蒲百瑞教授是土生土長的美國人，但卻精通漢語並醉心研究先秦時期的中國古代史，特別是春秋戰國時期的社會政治狀況及楚國文化等，是漢學界這方面的權威。

1962 年，蒲百瑞在保令格恩州立大學（Bowling Green State University）歷史系學士畢業，然後進入著名的密歇根大學（University of Michigan）研究院攻讀，1964 年及 1970 年分別獲碩士博士學位。畢業後在西密歇根大學（Western Michigan University）歷史系擔任講師一年，1971 年獲西東大學聘為助理教授，後晉升至副教授及正教授。

蒲百瑞是西方史學界對中國古代史研究的權威學者，主要研究的範疇是中國在帝國形成前的社會與政治制度、《左傳》，特別是對楚文化的研究，享有獨特而尊崇的學術地位。

1983 年，他的一本專書面世：《春秋時代的世族譜校注（上冊）—— 七大諸侯》（*Annotated Genealogies of Spring and Autumn Period Clans, Vol. 1: Seven Ruling Clans*），該書由於

研究深入嚴謹，立論精闢，深得學術界的一致好評及讚許，也因此奠定了他在這個研究領域上的地位。

此後，他發表的論文在質與量上，都是令人刮目相看的，例如〈春秋時代楚國政體新論〉（"King, Clan & Courtier in Ancient Chu"），發表在 *Asia Major* 期刊上，此文後來也有中譯版；又例如〈春秋時期的社會政治發展的地方情況〉（"Regional Aspects of Chinese Sociopolitical development in the Spring & Autumn Period"）等等，也有數篇文章是有關《左傳》的研究，例如在《楚文化論集》一書中，有他一篇〈試析《左傳》中的楚資料〉的文章。

蒲百瑞最感興趣研究的題目，是集中於與楚國有關的範圍，並與中國國內的專家學者有著大量的交流與合作，是現代中美學術交流的一個很好的例子及典範。

1988 年，他發表一篇論文〈探索丹陽：歷史地理與考古〉，後來被中譯載於《江漢考古》期刊。

後來，在 1999 年，他更發表了三篇與楚研究有關的論文，載於《定義楚國》（*Defining Chu: Image & Reality in Ancient China*）一書中，他對楚國深入的研究，引起了中外學者的共鳴及熱烈的討論。這裏試舉他的一篇文章為例作闡釋。

蒲百瑞的這篇文章題目是〈從前 701 年的蒲騷之戰看春秋早期楚都的地望〉（"On the Location of the Chu capital in

Early Chunqiu Times in Light of the Handong Incident of 701 B.C."），討論楚武王時代楚國核心地區究竟位於何處。蒲百瑞先指出在傳統的輿地學中，居主尊地位的是所謂「南說」，也就是丹陽和郢都位於湖北西南的沿江地區。但近年許多學者不斷提出新見，有人認為丹陽應位於河南西南的丹水流域，有人則置丹陽於湖北中西部的南漳或宜城地區，並且還有人論證郢都也應位於宜城一帶。無論對這個問題持有什麼看法，都會援引楚武王時軍事行動作為證據，而蒲百瑞對這個討論的結論是，無論該時楚國的國都是在丹陽還是在郢，公元前 701 年楚師的出發地，很可能在今南漳宜城一帶，他這個說法，受到學者們普遍的接受。從這個例子中，可見到他與中國學者有著大量互動及交流。

在 1980 年代初期，由於中國內地的改革開放政策，西東大學與湖北省的武漢大學結為姊妹學校，加強了兩所大學在學術上的合作與交流。利用這個機緣，蒲百瑞自此以後，便與武大及湖北學術界的楚研究專家學者結下不解之緣。

先是，武大派遣一位年青老師徐少華來西東大學作學術訪問，接受蒲百瑞教授一年期的指導。此後，蒲百瑞多次往武大作學術訪問及進行研究工作，更與武大史地學權威石泉教授結為好友，並合作學術事宜。2005 年，蒲百瑞受邀出席在武漢舉行的一個專為慶祝石泉教授九十華誕的學術會議並發表論文，題目為〈春秋時代楚王宗族世系疏證〉，會議論

文後來結集出版。

　　蒲百瑞也與武漢大學擴大合作，在 1988 年 11 月在湖北籌辦及召開了一個「楚研究國際學術會議」，他在會中發表了兩篇論文。而在 2018 及 2019 年，他也參與了在武漢舉行的「楚文化與長江中游地區的早期發展國際學術會議」，他大量與中國國內學者緊密活動，大大加強了中美學術交流與合作的層次。

　　當然，在美國國內的學術界裏，蒲百瑞亦有大量參與學術會議及發表論文，例如亞洲學會（Association for Asian Studies）1975 年在三藩市及 1980 年在華盛頓所舉行的國際學術會議，與及美國歷史學會（American Historical Association）於 1986 年在芝加哥召開的學術年會等，蒲百瑞都有與會及宣讀論文。

　　曾經在哈佛大學任客座研究員的蒲百瑞，也積極參與不少的學術團體工作，籌劃及促進在美的亞洲研究活動，例如他在亞洲學會的中大西洋地區分會（MAR／AAS）任義務秘書及會長等職，出謀獻策，勞心勞力，又參與學術期刊《古代中國》（*Early China*）的副編輯工作，是一個十分努力及受尊敬的學者。我亦多次與他同台在學術會議上發表論文及參與討論，合作十分愉快。

　　在他任教的西東大學亞洲學系內，蒲百瑞被公認為一位好好先生，深受同事及學生的愛戴及尊敬，而流利的漢語，

※ 與同事蒲百瑞教授及部分中日研究生合照

更使他與中國學生及訪問學者之間在溝通上暢通無阻。我與他在系中亦經常見面，討論教學及研究上的問題，也經常到他家中作客，杯酒暢談。

從 1971 至 1994 年之間，他先後任亞洲學系的助理系主任（1972-1975）和系主任（1978-1984、1990-1991）的職位，處理系內及大學之間大量的行政工作，並兼任亞洲研究所主任。

但在 2000 年，為了可以有更多時間投入他醉心的學術研究工作，蒲百瑞教授決定退下繁忙的教學及行政工作，申請提早退休。他離開新澤西州，搬到西岸天氣宜人的加州，繼

續鑽研學問的工作，期間亦有回來與我們聚舊，也和中國國內的學者保持聯繫及參與各項國際學術活動，他的大量論文及著作，也經常被內地以至世界各地的學者徵引。蒲百瑞鍥而不懈投入學術的毅力及精神，是中美學術及教育交流上值得學習及尊敬的典範，他也是我十分想念的好同事及好朋友。

蒲百瑞雖然已退休多年，但仍與我繼續有書信往來，互通氣息。這位美國教授深受中華文化吸引，醉心中國歷史，而數十年來都為著介紹中國歷史文化給西方讀者及學術界而不斷努力。他是一位謙謙儒者，有著中國知識份子的風骨，待人以誠，謙謙有禮，充滿著人文的精神及氣息。因此與他同校共事是一種樂趣，也是我在美國的學術道路上所遇到的福氣，我很感恩能與他結緣。

第四章 .... 為「中學西傳」
我走過的路：
美國杏壇親歷記

我在美國長達半個世紀的學術與文化之旅，其中在西東大學便正式服務了四十年，從 1978 年開始，至 2018 年榮休為止，但退休之後，仍受邀繼續教授少量研究所課程及指導學生論文，至 2020 年七十歲時才全退。此外，除服務西東大學之外，還有在加州大學三個校區的數年助教及訪問研究員的工作，與及在中、美、港、澳等地的多所高校的客座教席，可以說是累積了不少在中西學府教學上珍貴的經驗，加上出版了三十多本著作，使我感到在學術生命上有著無比的滿足感及自豪感，慶幸及感恩大半生能為理想努力奮鬥。

　　我在西東大學的教學工作，從 1978 年受聘為助理教授，至 1984 年晉升為副教授，1992 年再升任正教授，至 2018 年榮休，後再獲校方特任終身榮譽教授，前後逾四十年的時光，成為了系中年資最深及著作較多的講座教授。

　　我慶幸在香港接受教育時，受到多位德高望重的老師春風化雨的教誨，與及接受深厚的中華傳統文化薰陶，使我立志終身以傳薪為己任。及後在西東大學又得遇多位元老級的同事多所扶持及指引，使我得到寶貴及難得的工作經驗。特別是我的工作能夠配合著我要在美國弘揚中華文化及鼓吹中西文化交流的理想及抱負，使我可以盡情發揮，夙願得償。

　　在教學的崗位上，我一直是心存著「三愛」的精神，希望在杏壇上能夠發揮以下「三位一體」愛的結合作用：即用「熱愛」去追尋學問，用「摯愛」來與教授們合作共事，用「關

愛」來關懷及協助學生學習。這個「三愛」精神，成為了我一生教學所不離不棄的原則，一直堅持。

多年教學的經驗告訴我，美國大學教授的工作，其實是極具挑戰性的，也是一個學習的過程，不單只是教學而已，還包括研究及著作出版的工作、參加學術會議發表論文、系內及校內的行政工作、學術及其他的演講，與及在校外對學術及文化教育團體提供幫助及服務社會等等工作，而這些工作，在不同的程度上，都會被大學用作晉升及評核工作表現的考慮因素，所以一定要盡所能去發揮，表現自己的能力及所長，不能掉以輕心。

下面讓我從回憶中去詳細地回顧及檢視一下我這條長達半個世紀的美國學術與文化之路，冀望可以給有興趣的人士作參考及借鏡。

第一節　教學與行政及服務

如前所述，西東大學的亞洲學系，是在吳經熊及祖炳民等教授努力之下於 1961 年成立的，這是在遠東學院於 1952 年創辦後的一個後續成果，後來又增聘了幾位知名教授（如王方宇、楊覺勇、德范克、蒲百瑞等）及一些講師，陣容擴大，很快便發展成為美國的漢語教學、區域研究及亞美雙語教育的先鋒。

我是在 1978 年春天取得加大博士學位後，在芝加哥舉行的亞洲學會（Association for Asian Studies）的週年學術會議上透過西東大學的招聘晤談作首次面試（這是美國招聘的一個典型及正規做法），在博導徐中約教授的力薦下，再被選邀往西東大學校園作最後一輪的面試。面試當天，我發表了一篇有關中國近代史的演講，受到各教授及學生的歡迎。當時的系主任是曾任教於夏威夷大學的楊覺勇教授，不久他的任期屆滿，系主任一職改由南亞研究專家龐柯斯基（Frank Podgorski）教授接替，他是一位專攻哲學及思想史的美國神父，做事直率，說話充滿智慧，對我在系中的努力及表現，經常表示欣賞及稱讚，可惜數年後卻因患癌症不幸病逝，得年才五十五歲，使我痛失一位好同事。

　　我受聘的職位是助理教授，接替離任赴三藩市大學工作的祖炳民教授。祖教授因西東大學的亞洲學系發展已趨穩定及甚具規模，他可以放心離開，往西岸發展，在那邊開創新的教育項目。

　　祖炳民教授是一位精力旺盛及富有雄心的教育家及行動家，他的成就給了我一個很好的榜樣，所以我到任後，便全力以赴，如像用三頭六臂般去工作，但作為一個年青學者，去繼承前輩同事祖炳民教授的事業，自覺並不是一件容易的事。

　　我在亞洲學系算是一個「多功能」的教授，教授區域研

究（近代亞洲與中國）及亞美雙語教育兩大種類的課程，由於涉及的學科甚多（包括歷史、政治、國際關係、文化、雙語教育、亞美族裔研究等），所以在初期教學時備課頗為吃力，但很快適應了便能得心應手，應付裕如。

雙語教育課程的計劃，是亞洲系與我校的教育學院合辦，他們負責西語裔的部分，由 Juan Cobarrubias 教授主持，我系則負責亞洲語種（中、日、韓語）的部分。在 1980 年代開始，我被大學任命為這課程計劃的亞美部主任，一直到 1990 年代初，因聯邦政府改變雙語教育政策，停止撥款資助而停辦。在這十多年裏，我成功申請到百多萬美元的資助，用作培訓大量中、日、韓語的雙語教育老師及學校管理人材，他們畢業後都成為美國東部雙語教育課程的骨幹份子，解決了不少新移民及他們的子女來美後的教育問題。

除教學外，教授們更要在學術研究方面有所表現，包括出版質與量兼顧的論文和著作、參加學術會議及相關的活動。此外，還要在校內外服務工作有所表現，例如兼任系內的行政管理工作或擔任校內各類會議委員職位等，像是要駕著三輛馬車般去同時運作。因此在任助理教授期間，得要用全速的火力去衝刺，才能順利過關斬將，在六年的試用期過後取得有工作安全保障的「永久聘用權」（tenure），晉升為副教授，然後再過若干年後，循同一途經申請晉升正教授（Full Professor）。

晉升正教授（香港的大學有將正教授稱為講座教授）的資格，主要還是在學術上有特殊優異的表現，才能實至名歸。而事實上，很多的副教授終其一生的學術生涯，也未被晉升為正教授，就是因為在學術的表現上沒有突破，或是沒有特殊的表現。當然，也有可能是系內人事問題的因素所造成，所以系內外的人際關係及辦公室「政治」，亦得要小心應付及處理，才是上策。

在 1984 年，我由於各項工作表現皆令人滿意，申請升職為副教授順利過關，而在 1992 年又順利晉升為正教授，兩次申請都是獲得校內外多個評審委員會全票一致通過，這對我來說，是對我工作能力及表現的肯定，給我很大的鼓舞，使我更有信心繼續不斷努力工作，盡量發揮自己的能力及長處。

我在西東大學亞洲學系工作的數十年期間，得到許多在行政上及服務上工作的機會，去發揮及表現自己在學術以外的能力。除了任雙語教育課程的亞美部主任外，有需要時還得兼任研究生的亞洲課程部主任。除此之外，在紀錄上我還曾擔任助理系主任（1982-1984），副系主任（1984-1988、1991-2001），署理系主任（1982、1985-1987 年的暑期），以及真除系主任（2002-2010，連續三個任期），因此工作上要不斷處理系內的行政及人事問題，但對我來說，卻是大學在行政及管理上給我的一個很好的專業鍛煉及成長機會。

在亞洲學系之外，我也有相當多在大學校內服務的其

他機會，例如被任命為文理學院內教員升等的評審委員會委員，與及再高一層次的大學評審委員會委員。這些委員會的工作十分重要，由於評述及遴選的結果，會影響到申請人的學術生命及前途，所以委員們的工作要十分小心謹慎，對申請人的資料及資格要作詳細及反覆的求證，以免造成不必要的錯誤。若助理教授申請不過關，便得要離職他往，但再找到教授工作的機會便會比較困難的了。

當然，為了實現我的理想及抱負，在擔任系內各行政職位及教學期間，我都一直在想方設法，去編排亞洲課程及增設新的科目，好讓美國學生能多一些機會認識及了解中華文化，這也是配合著我一貫的使命及責任感，希望他們藉以增進對中華文化的了解，進一步促進中西文化的交流及互動。

我更設法和其他學院合作，與我們亞洲學系合辦雙學位課程，合作學院例如教育學院、商學院及新成立的外交學院（這學院是與聯合國協會合辦，我是外交學院創辦人之一，因我的學術專長是在外交史方面，是大學內當時唯一的亞洲外交問題專家）。就這樣，透過不同學院在課程上的合作，我在大學內便成功地一步一步把亞洲研究的課程推廣，附加於其他學院的課程上，讓更多美國學生有機會認識亞洲、認識中國，使他們對世界的認識不再像以前只是圍範於傳統的歐美研究範圍而已，國際研究的範圍及學生的視野亦於是逐步擴大，包括了亞洲在內。

※　在英國劍橋大學的 King's College 訪問時攝

　　此外，除了課堂上的知識傳授，我也嘗試增添一些課堂以外的中國文化節目表演，讓美國學生有機會在校園內認識及欣賞到富有動感及多姿多彩的中華文化，也讓他們可以直接參與及安排表演節目，並與美國學生在文化活動上互相交流，打成一片。多年來，我擔任校內中國同學會的顧問教授（Faculty Advisor），給中國學生提供指引及幫助。而在每年的農曆新年期間，都會安排在校內舉辦中國週及中國之夜，讓美國學生不需要遠赴中國，也可以在校園內欣賞中華文化的歌舞及其他技藝表演，增進他們對中國的認識及興趣。例如在 2000 年的千禧年，我便與校外的文化及藝術團體合作，

在校內籌辦節目豐富的「中國週」及「中國之夜」，活動盛況空前，受到美國學生們的歡迎及喜愛，也讓採訪的媒體有機會藉此向社會報導及推廣中華文化。

到後來，我們在暑期班中，增加了一個新項目，由老師帶領美國學生往中國交流一個月，作實地學習及訪問，項目是在每年六月的暑假期間往訪中國，所以稱為「六月在中國」（June in China）計劃。學生可親身接觸中國社會及了解當地文化，除了提升他們的漢語能力之外，更可以與中國學生直接交流。行程通常是訪問北京、西安及上海，也曾訪問其他的城市，例如在 1997 年香港回歸祖國時，我特別安排學生訪問香港，讓他們見證這個重要的歷史時刻，加深他們對中國歷史的認識。又例如在 2010 年，更加插帶領學生們參觀在上海舉辦的世博會（World Expo'10），讓他們感受中國文化及體驗中國與世界文化之間的交流，這些活動，也給我自己留下美好的回憶。

第二節　學術及文化交流

在我四十多年的工作崗位上，我一直想方設法去加強中西文化及學術的交流。在全球化浪潮的衝擊下，世界各地的大學校園，紛紛與其他國家的高校進行學術上的合作，走向

國際接軌的道路，這種情況特別常見於改革開放後的中國，在對外界封閉多年後，它們需要迎頭趕上，努力進行校園國際化，以便提升大學的地位及聲譽。

西東大學是美國最早期與中國高校建立合作關係的少數大學之一。在 1980 年，新澤西州與中國的浙江省締結州省姊妹關係，當時的浙江省省長李豐平特別在 1981 年 5 月來訪新州，在西東大學會晤新州州長班頓・拜特恩（Brendon Byrne），我當時還特別在州長致辭時替他中譯，掀起一陣中美教育文化交流的熱潮。

1981 年，西東大學與湖北省的武漢大學締結為姊妹學校，互派學者訪問。此後有更多的中國高校主動與西東大學建立合作關係，表達與國際接軌的意願，進行學術交流。

與武漢大學交流的安排，主要是武大選派較年青的老師來我校學習、聽課及在一位教授指導下做研究，停留一年，西東大學支付他們在美國的生活費及免除學雜費用。而在每年的暑假，西東大學亦選派一至兩位教授赴武大逗留一個月，目的是授課或作專題講座，但並不受薪，由武大安排住宿及一些周邊的旅遊，教授赴華的旅費則由西東大學支付。這安排看起來是不太對等的互派交換，但這樣也使來華的美國教授增加了對中國的認識及了解，從而促進中美學者之間及彼此文化的交流。後來西東大學一些高層反對繼續這「不對等」的交流項目，但都被我設法保留，並一直維持至今。

當一些申請交流的學者有來美簽證的問題時，我亦設法與在中國的美國大使館打交道去解決問題。

多年來，我是武大與我校交換計劃的美方負責人，因此要經常往來兩校之間安排互訪工作。這雖然算是我為西東大學服務的工作，但在我內心中，卻也是在為我的祖國服務，幫忙中國培養人材，希望學員回國後能為中國的現代化作出貢獻。當然，這也是配合著我努力去促進中西學術文化交流的使命。

武大多年來聘請我擔任榮譽客座教授，替他們的師生作演講及合辦學術會議討論會。例如在 2001 年，我校亞洲學系與武大文學院合辦「當代中國流行文化國際學術研討會」，用流行文化（Popular culture）這個視野來審視社會的變化，在國內這是首辦，是個新鮮的課題，會議反應熱烈，在學術界起了一個帶頭及示範的作用。我也投稿武大學術期刊，進行中美學術交流。

在西東大學校內，我也籌辦多場學術活動，例如紀念吳經熊教授的國際學術研討會及紀念德范克教授對漢學的貢獻討論會等。而在新州及紐約州，我也積極參加由當地的大學聯合組成的「新州大學教師討論會」（New Jersey Faculty Seminar）並曾擔任秘書，也參與同類的活動組織如哥倫比亞大學的「近代中國討論會」（Modern China Seminar）、「中國近代口述史學會」及「二十世紀中華史學會」等，與各校教

授討論學術問題，互相請益及交流。

　　為促進國際上的學術交流，我先後在世界各地參加不少的學術會議及發表論文。也曾出任中美及世界多所大學的訪問教授或資深研究員等職位，例如加州大學、哥倫比亞大學、密歇根大學、普林斯頓大學、耶魯大學、伊利諾大學、北京大學、清華大學、武漢大學、浙江大學、江蘇大學、湖南大學、香港大學、香港中文大學、澳門大學、澳門科技大學、東京大學、琉球大學、英國劍橋大學、加拿大多倫多大學、葡萄牙科英布拉大學、阿根廷貝爾格拉諾大學、新加坡國立大學等，這裏不能一一盡錄了。

　　利用這些出訪的機會，我與各地的學者進行學術交流，並努力去促進文化上的互動與融合。目前，我仍擔任中國科學院中國現代化研究中心的國際顧問及中國教育部的「長江學者計劃」海外專家評審，希望能為祖國多做一點事及出一點力，亦曾擔任美國傅伯萊獎學金（Fulbright）的遴選委員會委員，而這些都是義務及榮譽性的工作。

　　當然，在我土生土長的香港，我也有參加許多由港大、中大、浸大、理大等主辦的學術活動，與香港學者作學術上的討論及交流，並曾與興趣相投的學者共同成立「香港中國近代史學會」，我是創辦人之一，也是永久榮譽會員，一起去推展學術活動。

※ 在北京清華大學與國際學者參加學術會議後合照

第三節　學術興趣與研究成果

　　在教學與行政工作進行的同時，我的學術研究工作也是在不斷地進行，從沒有間斷，陸續出版多本中英文著作，多次獲西東大學頒發「學術著作獎」（Book Publication Award）的獎勵。在 2010 年，更獲校方頒發「傑出風雲研究教授獎」（Researcher of the Year），這是大學對我在學術能力及成就上的肯定，是一個很高的榮譽。

　　之前，我的一本書：*Historical Dictionary of*

Revolutionary China, 1839-1976（《中國革命歷史辭典》），在 1992 年出版後，獲權威專業期刊 *Choice* 評選為當年的「最佳學術著作獎」（Outstanding Academic Book）。又另一本反映及分析南京大屠殺的書：《正義的天使張純如》，獲北美人文及社會科學華人教授協會（ACPSS）頒發「最佳創意著作獎」（Creative Writing Award），亦獲頒「傑出學術出版獎」（Outstanding Publication Award）等，這些獎勵，都帶給我無比的鼓舞。

在我做研究工作的過程中，我先後獲美國國家人文基金會（NEH）、美國國家藝術基金會（NEA），以及新州高等教育局跨國及跨文化研究獎金（International / intercultural Studies Grant）等研究獎的支持及鼓勵。此外，也接受海內外的一些大學及出版社的邀請，出任它們教授晉升的校外評審委員或負責評核書稿出版的質量等學術性工作。

隨著大時代下國際環境的不斷變化，我的研究興趣及教學的範圍亦變得更為多元化及多樣化，從歷史到國際關係到地理文化，以至商業及雙語教育等。而我任教的課程之中，與我的研究興趣相吻合的科目的數量甚多且富多樣性，例如：近代亞洲及中國史、亞洲文化與地理、美國在亞洲的政策、亞洲的國際政治、中國與世界、雙語教育的理論與實踐、亞美族裔文化、全球經濟、國際商業管理等科目，可說是洋洋大觀，甚富趣味性。教授這麼多種類及多樣化的科

※ 獲西東大學校長 Rev. Thomas Peterson 頒發學術
研究獎

目,與我研究興趣的多元性是息息相關的,亦受到學生們的
接受及喜愛。

我學術及研究的多元性及多樣性,可以從我多年來出
版的三十多本中英文著作中反映出來,以下讓我選擇其中一
些作簡單的分類及介紹說明,至於眾多的論文,由於篇幅關
係,則不在這裏介紹了,請參見附錄「梁伯華教授中英文著
作一覽表」,內中有列明著作的出版商及出版地。

1. 外交史

外交史是我主要的學術興趣之一,也是我在加大研究院
肄業時所接受的專業訓練。我在這方面的英文著作有:*The*

Quasi-War in East Asia: China's Dispute with Japan over the Ryukyu (Liuqiu) Islands and its Global Implications（《東亞的擬似戰爭：中日琉球爭端及對全球的影響》）（2016），該書曾在中、日（包括琉球，即今沖繩）、台灣及歐美各地做資料搜集及研究的工作，引用各種文字的史料去考證，推翻了歷史上一些所謂「定論」（例如中日對琉球爭端並非在1874年結案、琉球並無主動向日本求助，以及中日交涉的內情等），又在日本東京國會圖書館憲政資料室找到當時日本使華的宍戶璣與中國談判的珍貴原始史料，以及中國駐日大使何如璋斥責日本滅琉的照會及書信（《清季外交史料》內並沒有收藏）。美國前總統格蘭忒的調解，在書中也有詳細的分析，書後更有詳盡的中、日、西文書目。

我的外交史中文著作有《近代中國外交的巨變》（1990年第一版；1991年第二版；2021年第三版）。書中提出中國外交巨變的架構有：（1）帝國主義侵略的影響；（2）邊陲地及藩屬國與中國中央關係的變化；（3）中國傳統外交制度的變化；（4）中國外交的現代化，亦即中國加入現代國際社會。這書旨在從近代中國外交制度與中外關係的變化，來說明中國外交的巨變，特別提出雙軌外交制度的嶄新理論。書出版後獲得很好的評語，香港中文大學歷史系教授劉義章，在他的書評中說：「總結而言，全書組織嚴謹，佈局周密兼文字流暢，不但可供治近代中國史，特別是外交史人士參考之

用，而且對中國歷史感興趣的一般讀者也值得一讀。由於作者以生動筆法去討論與分析史實，所以讀來毫無枯燥之感。《近代中國外交的巨變》實在是一本難得的普及和學術兼備的著作。」我也將這書寄給恩師徐中約教授請他點評，他看後回覆我說：「大作《近代中國外交的巨變》，一氣讀完，可佩、可佩，內容精簡，與敝意相似之處，有過之，無不及。」徐中約教授是我在加大的博導，是世界級大師，他這樣的評語及讚賞，令我愧不敢當，也對他感激不盡。這書經已再版，收在 2021 年出版的《近代中國外交巨變與中西交流》一書中。

　　此外，我亦有《走進近代世界的中國：文化、外交與歷史的新探索》（2006 年初版，2008 年再版）一書。這書的主題圍繞近代中國加入國際社會後所產生的一連串巨大變化，包括在外交及文化等領域上所作出的種種因應及創舉。全書集中講述在 19 世紀末至 20 世紀初中國面對種種挑戰的情況下，嘗試探索新的方向，書中的文章有新的論點及新的看法，對中國外交史及近代史的研究相信會有一定的貢獻。

2. 政治及革命史

　　多年來我編寫了幾本與中國政治及革命史有關的英文書。第一本是：*Historical Dictionary of Revolutionary China 1839-1976*（《中國革命歷史辭典》）（1992），是一本參考性

的工具書，厚厚的一本共五百六十六頁，詳述中國百多年來革命歷史的發展，這書由我編輯，集合全球七十三位知名的專家學者撰寫的條目，並附詳盡革命史的大事年表及書目，出版後獲學術界的好評，更獲權威專業期刊 *Choice* 評選為該年度的「最佳學術著作獎」（Outstanding Academic Book），獲得極佳書評，甚具參考價值，學者及學生皆適用。

另一本是由我個人編寫的有關中國內戰歷史的書，書名為 *Historical Dictionary of the Chinese Civil War*（《中國國共內戰歷史辭典》）（2002 年初版，2013 年再版）。在這書中，我用宏觀（macro）及微觀（micro）的角度，來分析中國近代國共內戰過程的來龍去脈，並囊括內戰時的人物、戰爭、思潮、團體與組織等等條目，用五年的時間完成，書中運用不少中、英及日文資料，分析力求客觀、中立及詳盡，是研究國共內戰的一本學術性珍貴參考書。這書於 2013 年增訂再版，與另一學者 Christopher Lew 合作，由於是增訂版，篇幅增加不少，內容更為充實與豐富。

另一本我個人撰寫的關於中國內戰的書，書名為：*The A to Z of the Chinese Civil War*（《中國內戰事件簿》）（2010），也是有關中國國共內戰的歷史，書中涵蓋及臚列了有關中國內戰的詳盡條目，有助學界作參考及研究的工作。

此外，有一本人物傳記式的書：*Political Leaders of Modern China*（《近代中國政治領袖》）（2002），由我編輯，

並與三十多位國際知名學者一起撰寫。選取從鴉片戰爭到2000年間的一百位中國政治領袖（包括林則徐、李鴻章、孫中山、蔣介石、毛澤東、周恩來、鄧小平等），作傳記合輯成書，由我寫分析性的前言，並編有大事年表及詳細書目，以供讀者參考，是一本頗為詳盡及具權威性的有關中國政治領袖的英文著作，被學術界引用甚多。

3. 近代史

鑒於在西方學術界中有關中國近代史比較有權威性的教科書（例如 Immanuel C. Y. Hsu〔徐中約〕：*The Rise of Modern China* 及 Jonathan Spence〔史景遷〕：*In Search for Modern China*）一般篇幅較大，一般學生及讀者不容易消化及吸收，因此需要一本比較容易翻閱及明瞭的中國近代史教科書，所以我特別撰寫了 *Essentials of Modern Chinese History*（《近代中國史精要》）（2006）一書。內容是將重要的中國近代歷史的發展，用簡要的敘述與分析方法，引導及幫助美國學生了解中國近代的變化。當然我也是用它作為我班上的教科書之一，方便教學之用，也很受學生的歡迎。

為了感謝恩師徐中約教授的教誨及對中國近代史研究的貢獻，我與幾位他的博士研究生撰文出書，表達對他致敬及致謝之意。書名為 *Modern China in Transition: Studies in Honor of*

Immanuel C. Y. Hsu（《變遷中的近代中國》）（1995），這書由我和梁元生教授主編，他是我在中大及加大的同學，後回中大任教。書中有多篇甚為精闢的文章，這書的出版，給了徐中約教授一個很大的驚喜，他並來信給我致謝。

我曾撰寫一本有關南京大屠殺這段歷史的中文書，特別用一位美國華裔女作家張純如（Iris Chang）的短短一生作為焦點，在書中剖析南京大屠殺這段至少有三十萬人被殺的慘痛歷史真相，書名是《正義的天使張純如》（2011）。書中主角張純如曾出版一本關於南京大屠殺的英文書 *The Rape of Nanking*，將日軍在南京屠城的史實用英語告訴西方世界，她真實的報導，卻換來日本的右翼份子對她不斷攻擊，誣蔑她造假，導致她精神受困擾而吞槍自殺身亡。我在她過世後給她寫了這本傳記，用她對南京大屠殺的控訴來反映這段痛史，也想將張純如勇敢揭露日軍暴行的正義精神介紹給讀者，並同時教育年青的一代，讓他們不要忘記日本侵華的史實，珍惜和平的可貴。這書出版後獲北美人文及社會科學華人教授協會（ACPSS）頒發「最佳創意著作獎」（Creative Writing Award），並同時因其他的著作也頒給我「傑出學術出版獎」（Outstanding Publication Award）。

1995 年 8 月，紐約的哥倫比亞大學召開了一個「抗戰勝利五十週年國際研討會」，很多歐美及亞洲的學者專家參與盛會，包括中、港、台學者。會後論文結集出版，我擔任

這論文集的編輯之一（其他的編輯包括唐德剛、朱永德、吳相湘等教授）。這書有中文及英文兩部分，合為一巨冊，由台北國史館印行，書名為《抗戰勝利五十週年國際研討會論文集》（*Papers of the International Conference on the 50th Anniversary of War of Resistance*）（1997）。這書集合了專精於這課題的權威學者在研討會上發表的文章，內容都十分精闢及有見地，對日本侵華的這段慘痛歷史有很深入的分析及總結。

順帶一提的是，我也常受邀參加在台灣舉辦的有關中國近代史研究的學術會議，包括在中央研究院近代史研究所召開的「中國近代史的再思考研討會」中宣讀論文，也在該所出版的《六十年來的中國近代史研究特刊》（1988）中發表文章。此外，也多次參加在政治大學及中山大學等高校所主辦的研討會及討論會，與台灣的同行交流意見及心得，互相請益。

4. 現代化

現代化的議題，與中國近代的發展是息息相關及互為表裏的，也是我數十年來一直關注及思考的課題。早在我仍在香港中文大學唸本科時，便曾在學生報上發表了一篇題為〈追求中國現代化：談近代中國知識份子的思想傾向〉的文章。那時候，我特別受金耀基師的影響，上他的課及看他有

關現代化的書，或直接向他請益，這對我都是受益匪淺的。其實，近代中國的歷史、文化、教育、政治、外交、經濟等議題，都與現代化有著直接的關係，是大家十分關心及熱切討論的重要議題。

在 2011 年，我出版了一本直接討論中國現代化的英文書，書名為 *Managing China's Modernization: Perspectives on Diplomacy, Politics, Education & Ethnicity*（《管控中國的現代化：透視外交、政治、教育及族裔的層面》）（2011）。這書是從不同的角度，去看百多年以來中國是如何管控現代化的問題、進度如何、有什麼困難及整體的發展怎樣等，涵蓋的範圍甚廣，出版後受到廣泛的注意。後來中國科學院中國現代化研究中心邀請我參加他們的研究計劃，並聘請我擔任該中心的國際顧問，於是，我與該中心展開了以後一些國際性的合作及出版計劃。

2014 年，我與幾位國際學者共同合作，編輯了以下兩本書：《世界現代化報告》（2014）及 *Global Modernization Review: New Discoveries & Theories Revisited*（《世界現代化的再窺探》）（2015）。這兩本書輯錄了該中心在北京召開的現代化國際學術會議上發表的較有份量的中英文論文，由我及其他編委審批後出版，這兩本書中有相當多有份量的文章討論中國現代化的問題，值得細讀。

5. 中西文化交流

近代中國與西方國家在文化及教育上的交流，對中國的現代化有著直接的關連及影響，也是我數十年來一直深思求索的課題。在 2006 年 11 月 24 日，我接受香港中文大學聯合書院頒贈的「金禧傑出校友」榮銜，回母校發表一篇專題演講，講題就是：「建築東西方文化交流的橋樑」。這是一個有一千五百名聽眾的演講，並配有視像轉播，會後又有公開發言及討論，反應十分熱烈。此外，我亦在國內外作巡迴演講，例如在北京大學、武漢大學、浙江大學、湖南大學、澳門大學、澳門理工學院，以及香港和美國各校園，其中多場演講更有電視直播，並有大量的媒體及報章報導。

在廣州，我受邀在享譽的「嶺南大論壇」上作一個有關中西文化交流的專題講座，引起全羊城的注意，會場上座無虛席，並受到媒體的廣泛報導，得到很大的迴響。

我寫了一本有關中西文化交流的中文書，書名是《全球化下中西文化的交流：回顧與前瞻》（2008）。一如書名所指，這書是從各層面來回顧百多年來中國在中西文化交流上的困難與成果，檢討之外，也對以後發展的路向提出一些意見及建議。

我亦出版了一個專輯："China and the West"（中國與西方）（1988 年 *Asian Profile* 期刊），由我主編，集合一些專家撰文結集，從不同角度及層面來分析及總結中國與西方的關係及影響。

而在前面提及的一本我的書《近代中國在世界的崛起：文化、外交與歷史的新探索》之中，也有不少篇幅是討論中西文化交流的問題。而另一本前面亦曾提及過的書 *Managing China's Modernization*（《管控中國現代化》），也論及中外交接及文化與教育的問題，可供參考。此外，有另一本書於 2021 年出版，書名為《近代中國外交巨變與中西交流》，更有詳細討論到中西文化交流的問題。

6. 經濟發展

經濟發展這課題並不是我最大的研究興趣，但為了多了解中國的現代化，我需要深入探索經濟發展的脈搏及經緯，所以特別修讀了一個經濟研究所的專業學位課程，後來也在我任教的大學及中國的大學（例如浙江大學）開科，講授經濟發展、國際經濟體系，以至國際商業管理等有關經濟的科目。

我先後編寫了兩本限量版的書冊，就是《經濟環境》及《國際商業與貿易》，由浙江大學 — 香港理工大學國際企業培訓中心於 1998 及 1999 年發行，內容都是關於經濟及商貿的理論與實踐。

又在上面提及的書 *Managing China's Modernization*（《管控中國現代化》）中，亦討論到有關經濟的問題，可供參考。

由於中國的經濟發展波瀾壯闊，自改革開放後一步一步

展開，從計劃經濟到社會主義市場經濟，像是摸著石頭過河似的，遇到不少的挑戰。為了多了解中國經濟的發展，我特別參加了數個學術性的研討會，像是在北京大學由經濟學家厲以寧等人主持的，以及在中山大學與香港大學共同主持的幾個有關中國當前的經濟發展問題與方向的討論會，就中國發展前景與國內學者熱烈討論及交換意見。

7. 雙語教育與族裔研究

雙語教育除了是用兩種語言來教學之外，也同時在課程上提供雙文化或多元文化的元素，從而使學生得到一個較為良好的多元文化教育基礎，這有利於社會及國家的文化包容及民族融合的發展。

我在西東大學工作的前十多年，也兼任亞美雙語教育培訓主任，訓練亞洲語系的雙語老師及管理人材。這是一門相當新的學問及學科，教材十分缺乏。為此，我特別編寫了一本有關美國亞洲裔學生的雙語教育教材：*Bilingual Education: An Asian American Handbook*（《雙語教育亞美手冊》）（1980），這書是全美國的第一本相關著作，也成為了我的學生所用的教科書。

另外一本相關的專書，書名為 *Adaptability of the Chinese in America: Issues in Culture & Language*（《華人在美國的適應能力：文化與語言的問題》）（1989），探討華人在移民美

國後，在語言及文化的適應上，應如何處理及如何解決問題。

除美國之外，我也有興趣研究中國的雙語教育及民族（族裔）融合的課題。由於中國民族的多元性，五十六個民族的文化結合起來，可以形成一個燦爛奪目的中國文化彩虹圈，及一個在文化上多姿多彩的國家。我曾編寫及翻譯了一些中文資料，加以分析，以英文寫成一專書：*Ethnic Compartmentalization & Regional Autonomy in the People's Republic of China*（《中國的民族分治政策及少數民族的區域自治》）（*Law & Government* 期刊的 1981-1982 年專刊）。

由於我在美國是屬於少數民族的一份子，而美國是一個由多民族及多文化構成的國家，所以對民族問題，我是有著切身的體會。民族要互相尊重，文化要互相包容，這才是一個美好的教育目標，也是人類走向世界和平共處應有的方向。

8. 勵志

不少專家的意見告訴我們，人類的腦能量（brain power）是可以用之不盡的，問題是如何去啟動這種與生俱來的潛能，來好好加以利用。西方的專家多年來不斷嘗試提供各種方法，例如如何善用時間的「時間管理法」（Time Management），去幫助人們走向成功之路。但西方人士的方法，未必是可以全部適用於東方人士身上，西方的「成功學」是否有效，還得要配合不同的文化、民族及國情等因素。

中國在改革開放後，青年人亟需這方面的知識與方法，去提升個人的質素及潛能。為此，我特別編寫了一本與成功學有關的勵志專書：《複製成功的魔法》（2003），有選擇性及批判性地介紹西方一些成功學大師的言論及成功之道，並總結一些中國人可以採用的策略及秘訣，是一本激勵青年人向上的勵志書。

　　我亦有另一本勵志的書，是與另一作者余淑薇合寫的：《順逆境自強》（2000）。這書有提供很多案例作說明，來啟迪年青人的思維及啟動他們的潛能。

　　此外，香港中文大學在一位有遠見的名譽院士何萬森校董的大力鼓吹下，出版了一連串的「中大人在世界」的系列叢書。叢書的目的，是以在海外成功的一些中大人為例子，借鏡他們的成功之道，來激勵年青人及後學的上進心，使他們努力邁向成功之門。這系列叢書的第一本，就是由我和幾位校友梁雁、何靜兒及余淑薇合作編輯的《中大人在紐約》（2001），書中挑選了很多在大紐約區的中大校友作為成功例子，來作榜樣及示範說明。

　　在 2010 年，又出版了另一本相類似的「中大人系列」叢書，書名為：《中大人在美東》（2010），我為該書的編輯之一，書中所包括的成功校友都是從美國整個東岸的範圍內選出，而不單只是在大紐約區的範圍之內，他們的專業領域及成功的方法，可說是林林總總，包羅萬有，令人耳目一新，

目不暇給，可以給年青人作參考及借鏡。

二十多年來，「中大人在世界」的系列叢書，一本接著一本地出版，除了在美國的成功中大人外，還擴大範圍到世界上不同的地方，包括歐洲、澳洲、日本、中國、台灣、加拿大，以至非洲等地，這些都是給年青人作為勵志的好例子及好榜樣。

第四節　教授與學生：桃李滿天下

我在西東大學數十年來，雖然一直肩負著大量的研究、行政及校內外服務工作，但並沒有影響到我一向深愛的教學工作。

成為大學教授，是我青少年時的理想終身職業及目標，因此我對教學工作，一直是付出最大及最多的心力，除了備課要充足之外，教學方法也要適合美國及外來學生的情況及需要，並且得要因材施教，以免浪費學生寶貴的學習時間。除了要傳授知識外，更需要有啟發性地去開啟學生的思維，培養獨立的審判能力，這是美國教育的方式及目標，特別是在研究生的啟導方面，要給予比較個人化的輔導才算合適，也好取得較理想的效果。

美國大學在每個學期結束時，都會給學生作問卷調查，

評核每科老師的教學表現，這些評核的結果也會放入老師在大學的檔案內，在升遷或發獎勵時作參考之用，這制度在中、港、台及亞洲各地的高校也漸漸地推行了。

我過去四十多年來在教學的表現上，都僥倖獲得學生們給予很高的評分，更多次獲大學頒發的「優異獎」（Merit Award）及「傑出表現老師」（Recognition of Outstanding Performance）等的獎勵。我覺得，老師與學生的溝通十分重要，特別是在教與學的雙向溝通而言，教學就是一個「教學相長」的過程，是雙方不斷學習的過程，不應用填鴨式灌輸知識的方法去教育下一代，老師一定要多注意及關心學生的學習心理及過程，因此運用「智商」與「情商」的智慧來教導是同樣重要，缺一不可。

在美國一些大學，名牌教授或甚至是一般的教授，很多都只是在研究及學問上拼名氣，但在教學上則不太用心，多只關心個人的研究工作及出版，教學工作則交給助教（通常是他們的研究生）來負責，包括批改學生的功課及考卷等，因此教授與學生之間缺乏良好的溝通，或甚至是沒有溝通，這實在是美國大學教育的一個通病及弊病。

中國留學生有時因英語水平問題，或文化上尊師的背景及習慣，很多都不會主動去與老師溝通，在課堂上也不提問或參與討論，這是留學生在學習上需要注意及改進的地方，而這也是一些美國教授經常埋怨中國學生不投入及不參與討

論的主因。相反地，中國學生又埋怨老師因種族因素而歧視他們，這真是一個很不好的惡性循環！

歧視問題當然是時有發生，特別是那些有白人優越感的教授更是如此，因法例明令禁止的原因，他們沒有明目張膽地說出來，但從他們的眼神或小動作之中，也可以看得出他們有歧視的成份。有時，一些華裔教授也會歧視其他同系或外系的華裔教授，或甚至會貶低華人同事來抬高自己的地位及身價，或攀附他們不正確地認為是較「高級」的美國教授，來打擊少數族裔教授，也會歧視華裔學生。這些都是十分可悲及可恥的怪現象，我以前便曾見過一位這樣的教授！

經驗告訴我，華人教師在美國要努力做好自己應有的工作，莊敬自強，爭取別人對你的信任及尊重，更要極力去爭取在大學裏的表現。但若受到不公平待遇或欺凌，一定要極力討回公道才是。總而言之，在美國作為少數族裔的華人教授，生存已是很不容易，能爬上事業高峰的更是難上加難，但卻絕非不可能，只要有強烈的自信心及毅力，努力以赴，則成功是可以在望的。

我在美國四十多年的教學生涯裏，包括數年在加州大學助教及客座別校的工作，與及在中國、香港及澳門等地的高校開的課，學生的總人數已逾萬人。此外，還有不少遠道赴美而來，向我求學問道的訪問學者，人數也是不少。當然，我主要的學生，仍是以美國學生為主為多（包括本科生及

※ 在浙江大學任客座教授時帶領研究生往西湖畔上課後
合照

研究生），但也有從五大洲各地而來的學生，包括亞洲、歐
洲、非洲、拉丁美洲、北美及中、南美洲的學生，都曾受業
於我。很多學生在畢業後仍與我繼續有聯繫，表達關切並致
問候之意，這種對老師的尊敬之情，令我在教學上得到無比
的快樂及滿足。有幾位很早期的華人（中、港、台）學生，
例如田美群、黃苑暉、羅星航、黃守敬、劉妙玲、伍煥玲、
張譙珍、宋文貞等，至今仍與我保持聯繫，後期的畢業生利
用電子網路保持聯絡的就更多了！

　　有一次，一位擅長書法的中國學生，送了我一幅正楷
的「桃李滿天下」書法給我留念。我平素喜愛中國書法，收
藏甚多，但這一幅學生手寫的卻是有著特殊的意義，所以我
將它掛在辦公室來展覽及欣賞。另一幅也是寫著「桃李滿天

※ 江蘇大學贈「桃李滿天下」書法作品

下」的書法，則是由一位江蘇大學的教授所贈（我那時客座該校任教），寫的是草書，像是龍飛鳳舞似的狂草書體，出神入化，令我讚賞不已，特別將它掛在家中牆上，連同王方宇教授送給我他手寫的「飛龍在天，利見大人」墨舞書法，放在一起朝夕相對欣賞。其他我收藏的墨寶還有北京大學及武漢大學等高校的教授相贈的書法，表示感謝及紀念我造訪講學，我都視為瑰寶，放入珍藏，欣賞之餘，還讓我想起天下間的桃李，與及在學術路途上認識的同道好友。

芸芸眾多學生中，我對研究生的印象比本科生自然是較為深刻，特別是有一些在碩士畢業後繼續攻讀博士學位的，他們後來在美國或外地不同的大學教學，延續著像我一樣的教育工作。印象較深的有：Thomas Radice，現在康州一大學任歷史教授；石可言（Michael Stone），畢業後留校任教並兼任語言中心主管；周雨及許沛松，在耶魯大學任教；李智仁，在賓州大學教學；何曼及 John Knight，是在我課上的同班同學，後來更結為夫婦並一起取得博士學位，後在東岸的大學任教；吳繼青，在羅格斯大學教授漢語；高黛娟，在新州一學院教學；董欣然，在紐約復旦大學任教；日本學生仲地清，回日本大學教學；一位早期學生邢璐，在普林斯頓大學執教一段時間，亦曾在柏克萊加大任教；王炎，在我校碩士畢業，回中國取得北京大學博士學位後，在北京一大學任教；還有如張開冰的走人文路線，畢業後往哈佛大學進修，

後回中國幫助山區兒童學習，並創辦教育基金扶助更多的學童。香港人所熟悉的電影明星蕭芳芳，也是我校傳理系的畢業生，我到校任教時她已畢業但亦曾見面，據她的導師 Ken Hoffman 教授相告，她天資聰穎，勤奮向學，在學時也負責中國同學會的活動，表現十分優秀，深得老師的嘉許。其他優秀的學生也很多，無法在這裏一一盡錄了。

西東大學也有不少中國來的訪問學者，來我校學習或接受培訓，包括現任副總理劉鶴，及曾任國家主席的劉少奇的親人及各省市的領導人等，他們都給我留下深刻的印象，不少後來都成為國家的頂尖領導人材。有一位武漢大學派來的副教授劉早榮，來跟隨我學習及撰寫博士論文，題目是有關中美外交關係。另外一位武大副教授張德明，也來上我的課及撰寫有關中、美及日本國際關係論文，他們現在仍在武大任教，其論文後來亦有在國內出版。

訪問學者中還包括兩位由台灣的蒙藏委員會派來的研究員王維芳及徐桂香，她們來美跟隨我學習，學習態度十分認真，我也像待其他來訪的學者一樣，特別為她們個別設計好學習的方案、選擇教材及研究方法，複印論文及資料給她們帶回去應用等，費盡心思，作免費教導，希望培養可造就的人材。王維芳卻原來是位歌唱高手，在一個晚會上她唱了一首名曲《月琴》，有如繞樑三日般動聽，聽說以前她曾在台灣一電視台的歌唱比賽中奪得冠軍。可惜她回台後，在一次往

西藏出差時，因為高山症缺氧而不幸去世，令我十分惋惜這位早逝的英才，也因為高山缺氧這事而在我心中留下陰影，遲遲未有往西藏之行。

除西藏之外，我已遊遍中國不少中土及邊疆的地方，包括台灣全省，也探訪過漢族及各少數民族的不同風俗及民情，深入觀察並深深體會到中國文化的多元性。在我教導過的中國留學生中，也有不少是屬於少數民族的，包括藏、蒙、維吾爾、哈薩克、朝鮮、回、滿、壯、苗、畬、高山等族。從我這些學生及我的旅遊探訪之中，可以看得出中國國內因不同的民族文化，已構建成一個美輪美奐的中國內在文化彩虹圈，是一個民族及文化十分多元的國家。

第五節　教授與家庭：生活的樂趣

在 1980 年的春天，在我還未及而立之年，便幸運地升格為父親，兒子取名家俊（英文名 Immanuel，是用恩師徐中約教授的英文同名以紀念師恩）。小孩出生時七磅半重，樣子十分可愛及健康，令我夫妻倆欣喜不已。從此回家便弄兒為樂，成為我下班後的另一種樂趣，也平衡了我在學術工作上所帶來的巨大壓力，每天待兒子安睡後才再繼續寫作及備課。

兒子的降臨，也帶給我作為父親新的責任。我和妻子決

※ 喜獲麟兒，一家三口合照。

定從租來的公寓，搬到一間離大學不遠的自置房子，好讓
兒子有更多的空間，可以在屋內及前後院走動，有助發育
成長。此外，為了不讓兒子吸食「二手煙」，我也決心立即
並永遠戒掉吸食香煙的壞習慣（以前吸煙是覺得可以幫助
精神專注及紓解工作壓力），此後數十年再也沒有吸煙，而
以喝咖啡作為替代品來提神。在美國喝咖啡和在中國喝茶一
樣，是同樣很普遍的飲品，但咖啡並不宜多喝，否則會刺激
神經。

　　家庭的生活是美好的，我夫妻倆都有理想的職業，妻子

在一間大公司做顧問的工作，我們下班後弄兒為樂，生活十分有秩序及安定。但世事無常，無法預料，不旋踵竟然發生了意外。有一次我駕車送太太上班，在高速公路上卻被一輛闖交通燈的大型卡車撞上，車子全毀，我頸部受傷，太太更是盤骨撕裂，要躺在牀上逾年才康復，尚幸幼兒不在車內而在褓母處，否則後果不堪設想。因此，在車禍後這段頗長的日子裏，我除了在大學上班外，還得要照顧家中一切的起居飲食及牙牙學語的愛兒，尚幸一切困難都安然度過。事後我察覺，原來我是可以在同一時間內有效地處理很多不同的事情，「時間管理」做得好的話，既省時又見效率，像是用幾輛馬車同時向前並進，成為了我以後做事的「模式」了。

同樣是用這個「模式」，我在家庭生活之外，也參加了不少社會上的各類團體組織及中文學校的活動，認識了社會上不同層面的人士，也被推舉為數個專業及文化團體的領導人，為服務社會及僑社盡心力，並藉此推動文化交流。因此，社會活動增加了，太太經常陪伴出席，社會對我也多了關注，經常獲媒體採訪及受邀參加教育聚會和文化表演活動，孩子也結識了新的朋友。所以，人雖在異鄉，卻是不愁寂寞，經常有好友知己相陪伴，但思鄉之情卻是怎樣也揮不去、斬不斷的，特別是對遠在香港的家人的思念。

因此，回香港探親，成為了我家三人常有的遠程旅遊

節目之一，也會順道帶兒子遊覽祖國山河及歷史名勝，讓他多認識及了解中國的發展，增加對祖國文化的認同。兒子小時，我常會帶他暢遊有主題樂園的景點，如在洛杉磯及奧蘭多的迪士尼樂園，也遊遍三藩市灣區、芝加哥、德州、多倫多等地，留下美好的家庭樂回憶。

而多年前，就在前往西東大學上任時，我和太太便曾從三藩市開車，駕駛數千英里的路往紐約，中途除探訪朋友之外，也飽覽無數美國的名勝美景，欣賞如黃石公園及 Mount Rushmore 等地迷人的風貌。此後，一有假期，我們便會出外旅遊，除多次重訪中國，欣賞祖國的山河美景之外，也遍遊歐洲的英、法、德、意、西、葡、比、荷、盧森堡、奧地利、捷克、匈牙利、克羅地亞、斯洛文尼亞、斯洛文斯科等國，在亞洲的日、韓、台、越、星、馬、柬、汶萊、菲、印尼等地，都留有我們的足跡。我們也曾探遊中美洲的古巴、墨西哥、多明尼加、加勒比海諸島國、南美洲的阿根廷等地，以及北美洲美、加兩國大量景點，足跡幾踏遍全球。

在飽覽世界各處的美景之餘，我們更是觀賞到各地民族的文化及風情，不同文化的花朵，如像在世界的每一處地方綻放，令人目不暇給，也因此更增加了我對幫助團結世界文化成為彩虹聯盟的激情及信心，盡力去促進各地文化的交流。每到一處地方遊覽及探訪之後，我們都會整理拍攝得來的照片及收集到的民俗資料，放在一本本的相簿及資料冊

內，用作留念收藏，也經常拿出來回味及欣賞，而其中部分更成為了我的教學材料。

　　兒子大學畢業後在他唸本行的 IT 行業工作，並投身物流界發展，後與一位從台灣來美唸書的留學生邱文婷（Evelyn）相戀，並在多年後共諧連理，在紐約的中央公園旁一間米芝蓮三星的法式宴會廳 Per Se 設婚宴。除了有我在港的家人出席外，親家邱進興及蔡麗華與兒媳邱炳燁及劉書君全家也從台灣來出席，親家的妹妹是我家的鄰居邱靜惠，親朋戚友聚首，婚宴場面十分熱鬧。一對新人可說是珠聯璧合，兒子的成婚，也了結我心頭的一件大事，亦為梁家新添一成員，增添熱鬧。兒媳婚後所住的房子，距離我家十分接近，只是數分鐘的車程，所以現在我們經常都有敘面、共餐及旅遊，續享天倫之樂。

第五章 ⋯⋯⋯⋯⋯⋯

當東風
遇上西雨：
雨後的文化彩虹

東方與西方文化的交遇，多少總會產生碰撞及擦出火花，那麼在中國的情況又是如何？以下是幾篇我多年來先後發表或演講過的文章，內容反映出一些我對中學西傳及中西文化交流的看法。這幾篇文章包括我演講後由大會出版或當時的筆錄，也有演講後的隨想隨筆，都一併選在這裏與各位分享。文章的最後均注明時期及出處，其中一些在內容上用的數字已稍作調整或更新，但原文不變，這些文字或可反映出我在不同時期所表達的觀點及看法。

此外，還有其他的文章及作品，可參考我以下的三本書：

1.《近代中國在世界的崛起：文化、外交與歷史的新探索》（2006）。

2.《全球化下中西文化的交流：回顧與前瞻》（2008）。

3.《近代中國外交巨變與中西交流》（2021）。

第一節　近代中國與中西文化的整合

1. 引言

在全球的人口中，華人已佔了總數的五分之一，除了十四億居住在中國境內的華人外，散居在世界每一個角落的華人，也是不可勝數的。炎黃子孫、龍的傳人，都在海外開

花結果，延綿不斷，而隨著香港於 1997 年 7 月 1 日回歸後，中國今天的人口起碼在統計上又多了七百五十萬。

這樣龐大的數字，單從量的角度而言便已是十分驚人。試想想：全球每天有多少人在使用中文（無論是用中國的哪一種方言）？很明顯，中文是全球應用得最多的語言，遠遠超過其他的所謂國際語言，無怪乎在聯合國，中文是主要的官方語言之一，而全球興起的中文（漢語）熱，也使所有的華人在全球的距離拉得愈來愈近了。

2. 中國人傳統的「世界觀」

其實，在很久以前，中國人就已是著眼世界了。

但是，傳統中國的「世界觀」，卻是一個以自我為中心的「天朝型模世界觀」，也就是說歷史上的中國是一個高高在上的「天朝」，中國的帝王自稱「天子」，獲「天命」來君臨「天下」，以這樣的一個心態來放眼世界，自然是自視甚高，把自己定位得遠遠超乎其他國家及民族之上。

固然，歷史上中國是一個文化悠久而相當強大的國家，但把自己的優越感強化起來，相信也很難以平等的態度及地位來對待世界上所有其他的國家了，特別是當「天朝」利用它的權力來要求其他國家朝貢及臣服時。這個「天朝型模世界觀」，實實在在地在歷史上延續了不知多少年代，一直到鴉片戰爭以後，才開始出現改變。

這個「天朝型模世界觀」的形成，當然與歷史上中國的國富力強有著很大的關係，但是，也有另一個重要的原因，即與悠久的文化息息相關。

　　數年前才逝世的哈佛大學教授費正清（John King Fairbank）曾編輯了一本名為《中國的世界秩序》的專書，討論到這個「天朝型模世界觀」所形成的世界秩序，基本上還是以中國文化的接受程度作為分野。除了「天朝」的中國外，在這個世界秩序的另一個層次所以名為「漢化區」，就是因為其中的國家接受了較多的中國文化，漢化較深，例如朝鮮、日本及越南等國。其他亞洲地區的國家則屬「內亞洲區」，在不同的程度上也受中國文化的影響，但遠遠不及「漢化區」的國家，而處於世界秩序外圍的國家還屬「外亞洲區」，包括不接受中國文化的西方「蠻夷」諸國。

　　不論你接不接受費正清的觀點，中國歷史上文化的凝聚力與優越感對「世界觀」有著強大的影響力，卻是不爭的事實。

　　也許就是因為這個深化了的文化優越感，使中國在近代歷史上面對著工業化了的西方文化的衝擊，顯得手忙腳亂，更在數次的挑戰中潰不成軍，不得不開始重新來看西方的世界。

3. 西學東漸與中國對世界的認識

西學東漸，是近中國認識「新世界」所無可避免的過程。

中國那強化了的文化優越感，又如何能接受西方文化呢？就算是要接受，究竟要接受哪一方面的西方文化？答案應是如何，倒是眾說紛紜，莫衷一是。

當然，西學東漸與留學潮又有著很大的關係，而西方思想傳入中國，也經過了不同階段的歷程。

提倡西學的鼻祖，首推「中國留學生之父」容閎。容氏早年在美國耶魯大學畢業後，便一心一意將西學傳到中國去，並通過留學的方式，達到這一目的。在他的提倡下，中國的首批留美幼童遠道取經，開啟了留學的熱潮。

誠然，容閎在中國現代化的路途上，有開拓的功勞，但是，深一層看，容閎所提倡的西學，卻是一個「全盤西化論」，完全否定中國文化的價值，這就當時的情況而言，真是匪夷所思。這比五四運動時期的「全盤西化論」，更是早了半個世紀！

容閎的「西體西學論」與當時改革派所倡導的「中體西學論」自是大相徑庭，因此士大夫對容閎的攻擊是完全可以理解的。固然，部分保守的士大夫是固步自封，對新的世界毫無認識（亦不屑認識），因而加深了中國對外的排斥。但是，容閎對中國文化及價值的排斥，一心一意地尊崇西學，將中國「全盤西化」，這無論在觀念上還是在實行上，都存在

著極大的疑問：究竟中國在這個新的世界上應該如何定位？傳統的、高高在上的、夜郎自大的心態固不足取，但是處處排斥自我、貶抑中國文化的方法更無法使中國在這個新的世界上找尋到新的位置，反而以西方世界馬首是瞻，所造成的問題，相信與固步自封所留下的問題不相上下。

事實上，這個問題也一直是這百多年來中國近代發展的一個最重要的課題。

孫中山先生提出了「三民主義」，但也沒有忘記加進他所認同的中國傳統制度與理念。留學熱潮一波一波，從留美的，留日的，到留蘇的，有識之士都沒有忘記：在西學的衝擊之下，究竟應該如何將中國在現代的世界中重新定位。

這是一個意職形態的問題，但這個問題，也是深切地關聯著悠久的中國歷史與深厚的文化遺產，我們沒必要作衛道之士，但更沒必要將文化遺產來個「大拍賣」。若完全脫離了形成中國人的文化，則華人又如何能自處？難道真只是「黃皮膚、黑頭髮」就是華人嗎？最重要的，難道不是要有一個敬重中國文化的心嗎？

敬重，並不是指要盲目地排外。向西方學習，要擇優而處，重新將中國在新的世界裏定位。現今世界瞬息萬變，閉關政策只能使中國與世界的鴻溝變得愈來愈大，造成很多不必要的誤解。「冷戰」時代使中國與世界隔離了頗長的時間，因此改革開放，為中國帶來了新的契機。

4.「冷戰」後的「文明大戰」

　　東西方「冷戰」結束，是否又開啟了世界文明論爭的大戰？

　　這個有點危言聳聽的說法，原來是出自美國著名政治學家、麻省理工教授亨廷頓（Samuel P. Huntington）。亨廷頓在近幾年來，致力於發揚這個「文明衝突論」，並曾出版多篇論文及專著來闡釋。在 1999 年 6 月號的 *Civilization* 期刊上亦有專文。

　　所謂「文明衝突論」，是指在冷戰結束後，儒教文明和伊斯蘭文明正在聯合起來，並對西方的價值、利益與權力構成日益嚴重的挑戰，因此「冷戰」後的世界格局，將不再是超級強權間的敵對形態，而是變成不同文明的衝突鬥爭。

　　亨廷頓更進一步認為，美國應聯合同屬西方基督教文明的國家，遏制並打擊以中國為代表的儒教文明，以及以中東各國為代表的伊斯蘭教文明，他建議以這種「異教威脅論」來作為美國未來外交政策的基礎。

　　「文明衝突論」一出，在國際學術界引起了相當強烈的迴響與廣泛的批評。

　　整體來說，「文明衝突論」缺乏信服性，因此附和者少，反對者多。被亨氏所稱的「儒教」的中國，會不會與伊斯蘭各國結合成反對西方「異教大聯盟」？相信認識中國歷史與文化的人士心目中會有一個答案。

亨廷頓的說法是否別具用心，實在是值得探討。無論如何，印象是「嘩眾取寵」，或是「語不驚人死不休」，是「閉門造車」的一個學術產物，而又愈來愈不為學術界所接受。

散播在全球的炎黃子孫，代表著儒教文化在海內外的延綿，面對著這個類似學術分析但骨子裏卻是相當反華的言論，其侮辱性猶如感同身受。以中國為首的「儒教文明」突然搖身一變成為了「擴張性」、「攻擊性」的異端邪說，把中國文化與極端的民族主義掛鈎，把《中國可以說不》的書說成是這些言論的證據，凡此種種的說法，都不會被廣大的華人所接受。

5. 中國威脅論

深入一層來看，亨廷頓的「文明衝突論」，或多或少是在替一些政客的所謂「中國威脅論」作了理論上的張本，利用文化上的不同，把中國作為假想敵，冠以有「威脅性」之名而實行對中國「圍堵」。

愈來愈多的學者認為，在蘇聯解體以後，美國突然清除了一個長久的敵人，「冷戰」結束，一些政客及智囊團又忙於努力「創造」一個代替蘇聯的新敵人，而「中國威脅論」就在這個背景及環境之下產生。

在 20 世紀與 21 世紀交替之際，美國擔心（甚或是害怕）在亞洲有強國崛起，挑戰美國在太平洋的壟斷地位，而強大

起來的中國自然而然地成了在政策上一個假想的敵人。

在國際政治上，國與國之間的抗衡本來並不足以大驚小怪，但是美國在「圍堵」中國的過程中，卻將美日聯盟提升，把經濟富強的日本也拉進這個防衛的構想中。事實上 1997 年的最新及修改過的美日聯盟，給予日本更多在軍事上的擴張及權力，這對日本的鄰近諸國而言，將會引起無比的不安，這些不安當然是與近代史息息相關的。

日本在近代史上的軍事擴張，使亞洲人民在當時生活於水深火熱之中，這樣的慘痛經歷，猶如歷歷在目，日本鄰近諸國的人民不會忘記。第二次世界大戰後，日本被迫廢除軍備，以防止軍國主義的再興，但是到了 21 世紀的今天，在美日聯盟的名義及美國的扶助下，日本會不會再度變成軍事強國，及再度威脅鄰國的安全？目前日本的軍事預算十分龐大，美國會不會因為「圍堵」中國而引狼入室，使日本勢力坐大而導致以後不可收拾？這實在是全球華人十分關心的問題。

事實上，目前中日之間仍存在著領土的糾紛，釣魚島主權的論爭，使海內外華人的民族情緒高昂，「保釣」運動從 20 世紀 70 年代初期到 90 年代末期此起彼伏，因為全球華人都關心著中國領土的完整。

6. 香港回歸與華人的全球意識

當然，1997 年全球華人注意力的焦點，就是香港主權回歸中國。

香港割讓給英國，是鴉片戰爭慘敗後中國的屈辱，一百多年的殖民統治終於結束，香港回歸祖國，一掃歷史上的國恥，使舉世的華人為之歡欣不已。

使海內外華人歡欣的，除了香港的主權回歸外，同樣重要的是香港新成立的特區政府，在「一國兩制」的原則下，享受著高度的自治，五十年不變，以解決歷史遺留下來的有關中國統一的問題。

香港問題的順利解決，代表著中國政府在政策運用上的靈活性及彈性，以謀求解決在歷史、文化、政治及經濟上的種種問題。

這個政策上的靈活性及彈性，也標誌著中國面對著現代的世界及轉變的環境能夠靈活定位，在民族原則、國際政治、歷史發展以及經濟現代化的種種因素支配下，走出一條屬於中國自我的道路。

誠如不少學者專家所預言：21 世紀是亞洲及太平洋的世紀，換句話說，世界發展的重心，在不久的將來，又將回到這個佔有全世界六成人口的亞洲區，而中國將會是這個「亞洲世紀」的龍頭，扮演著重要的角色，在世界發展的舞台上，佔有舉足輕重的地位。

在香港、台灣，以至在海外的華人，對於中國在改革開放以後新的發展，也作了很大的貢獻。事實上，一個「大中華經濟圈」（容納內地、港、台以及海外華人）不斷地擴展，以無比的活力，為中國的現在及將來締造新的發展契機，其前景是無可限量的。

香港的回歸，結束了西方在香港的殖民統治，也帶給了全球華人無比的振奮及新的期望，祖國的統一，又成功地跨進了一大步，一百多年的列強侵凌及割地賠款，是全球華人內心的歷史憂傷情結，香港殖民統治的結束，該是中國人吐氣揚眉的時候了。21 世紀的中國，不再是屈辱及軟弱的古老大帝國，也許，一個以中國為中心的新世界觀，又將會重新展現在國際舞台上。

7. 結語

中國的發展，與全球的華人息息相關。而華人放眼世界，也是以中國作為他們視野的焦點。

從古到今，歷史的巨輪永遠在不斷地轉動。傳統中國的「天朝型模世界觀」在歷史的巨輪下消失得無影無蹤。在新的世界裏，新的挑戰下，新的環境中，中國要重新在世界的秩序中定位。要向西方學習，也要保存自我對傳統文化的認同，開啟新的路向。

道路是人走出來的，華人所認同的中國文化，並不是一

※ 主持與武漢大學文學院合辦的國際學術研討會

個具有威脅性及欺凌性的文化,「文明衝突論」及「中國威脅論」的產生,反使海內外的華人更加清楚自己文化的本質及自我,進而對祖國產生更大的認同。

在 21 世紀裏,隨著中國的統一及發展而在亞洲地區及世界上扮演著日益重要的角色,以中國為重心的「亞洲世紀」,成為全球華人心目中一直盼望能早日到來的明天。

（原載《人文論叢》（武漢大學）2002 年卷）

第二節　中西文化交流下「本土化」與「國際化」的文化取向

　　今天講的是一個比較大的課題，就是中西文化如何去交流融合的問題。我今天不是做一個學術的演講，我的做法是盡量用跟各位談話的方式來跟各位交流一下，希望可以用一些歷史上例子和個人的經驗跟各位來說明一下中西文化的異同問題。如果各位對我的普通話聽得不是很清楚的話，請舉手，我再講一遍，都沒有問題，要不然我就繼續講下去，我盡量講得比較慢，這樣大家都可以聽得懂我講什麼。

　　言歸正傳，今天的題目是〈近代中西文化的衝突與整合〉。我曾經出了一本書就是關於這個課題的，我出版了三十多本書了，大部分都是英語，可是這本是中文的，這本書是《全球化下中西文化的交流：回顧與前瞻》。今天因為時間的關係，只有一個多小時，不可能講太多關於中西文化的東西，只能在某些重點裏面跟各位分享一下我的看法。我的這本書會送給嶺南文博院，大家有興趣可以去看一下，給我提供一些寶貴意見。

　　關於這個題目，我先講我的結論然後再一步一步來說明我為什麼有這個看法。我覺得在 21 世紀全球化的浪潮之下，中國人應該怎麼面對這個新的環境、新的時代，所謂全球化就是現在地球是平的，怎麼樣溝通，經常會有接觸的機會，

怎麼樣去互相尊重、交流、融合，這是我們需要做的事情。我覺得現在的中國人在 21 世紀初這個時代裏，應該用兩條腿走路，第一條腿就是要本土化，或者說要鞏固對我們祖國中華文化的信念，認同自己本身的傳統，認清楚中國文化的內涵。因為我覺得中國文化的本質是多元的，是多方面的，是包容性的，是有活力的一個中華文化，而不是一潭死水，一成不變的中華文化。近代把中國文化變成了沒有活力的做法，根本是抹黑了中華文化。我們現在應該要看清楚中華文化的本質是什麼樣，把這個活力、多元化還原，這樣才可以把它推出去，把中國的文化介紹給西方交流面。

另外一條腿是怎麼做的呢？就是我們不但要本土化，還要國際化。怎麼說呢？因為隨著全球化的浪潮，不可能不跟西方或者世界各方面接觸，我們有 IT、電子郵件，你不可能不接觸。你現在做生意，你就單單跟對面街的人做生意嗎？不可能的，我們現在可以在網上做生意，各方面不可能不接觸的。所以，我們定要認清楚外面的世界是怎麼樣的一個世界，有什麼樣的變化，這個環境是不一樣的環境，我們不能夠一成不變地去面對這個環境。因此，我們要認識這個世界，向外面學習。要尊重不同的文化、互相欣賞、互相學習、互相合作、消滅文化之間的差異，這是一個很重要的課題。因此，用兩條腿走路是現代中國人所應該走的一個方向。不但是要尊重我們自己本身的傳統，還要吸收西方、世

界優良的文化元素。其實這個課題並不是今天才提出來的，洋務運動之後我們一直在走這條路，問題是怎麼走。現在的情況又不一樣了，我覺得在某個程度上是一個心態的問題，是一個腦袋的問題，你的腦袋不改的話就很難改變，做人的方式永遠改變不了。這是我一直都很相信的一個理念，就是兩條腿走路：一方面認同中華文化，我在海外盡量去宣揚；另外一方面，我覺得大家可以多開放自己，向西方學習。這個做法是雙向的，不但是西學東漸，東學也要西漸，這個才有一個融合的可能性，這個需要各方面做工夫。只有這樣做，才可以開創一個新的文化體系，一個新的世界觀。以我的說法就是，世界文化的「彩虹聯盟」。彩虹有不同頻色，加起來色彩繽紛、很漂亮，這是世界性的一個文化。而每一個彩虹裏面的文化可以保全它們本身的顏色。這是未來的一個理想，多元化的社會文化，多元化的一種主義聯合、融合的一個大同世界。大同就是世界和平，我們可能要減少這一方面的衝突，增強互相的合作、互相的欣賞。關於這個課題，我用幾點來說明我的看法：

第一點，不同的文化、不同的文明是有它的共通性的。雖然來自不同的地方（的文化），但是可以有很多相同的地方，只有這樣的看法才有世界文化彩虹的聯盟。我們都知道，我們的考古學家發現了北京人，是多少年代呢？五十萬年。後來發現了藍田人，多少年？六七十萬年吧。再後來

呢？又在雲南發現了兩枚很大的牙齒，元謀人，是一百五十萬年前。我們中國人的祖先有很長遠的歷史，可是這些是人類的祖先嗎？究竟人類的祖先應該源於什麼時候、什麼地方？根據考古學家很多新的發現，看法又不一樣了。

可是根據科學家他們做的一些基因的測試，測試不同民族的基因，他們發現了一個很重要的結論，就是人類是同源的，就是染色體是一樣的。這個表示了什麼呢？不論是白人、黑人、黃種人都是一樣的，都是同源人，都源於哪裏呢？非洲。這個是科學的發現。只不過因為地層的變動，在冰河時期改變了一切，人類分佈在不同的地方，人根據環境有不同的反應，發展了不同的文化。

可是這個文化在很多程度上它們有相同的地方，比如說在墨西哥的瑪雅文化的象形文字跟中國的象形文字很相似。他們的陶器上的設計和紋，都跟中國很相似，這是共通的地方。再舉一個例子，有一個英國的學者，他的名字叫約翰·霍布森（John M. Hobson），他寫了一本書叫《西方文明的東方起源》（*The Eastern Origins of Western Civilization*）。他說在古代文化的交叉互動就已經產生了，因為文化發展是一條很長的路，在發展的過程中互相影響，有一個互動的因素在裏面。有一些文化可能已經淹沒了，比如說在東南亞的吳哥文化，現在都已經不見了，可是在那個時候它們是很燦爛的一個文化。因此，在人類漫長的歷史發展裏，文化交流跟融

合是正常的規律，不是絕對的，而是相對的，因此，在漫長的歷史發展裏，都有互動的證據。譬如說絲綢之路，有西方文化、佛教的傳入，有很多的文化互動。所以，我覺得文化要有互動，而且有共通的地方，所以說文化的融合不是不可能的事情，而是必然的規律。

第二點，我想講一下我對中國文化的個人看法。中國文化固然是發展得很早，有幾千年的歷史。可是現在我們看中國文化有兩個層面，第一個層面是官方的，就是歷代的帝王，他們怎麼宣傳儒學，然後把它強化，這樣很上層的一種文化。因為儒家文化要求忠君愛國，君主比較喜歡這樣一個想法，所以儒學在中國有這麼長時間的影響，有固定的作用跟貢獻，這個是不可否認的事情。

可是從另一個層面來看，我個人認為中國的文化是很多元化的，不是某一個文化來主導的。在儒學以後我們有道家文化，深入百姓的思想是根深蒂固的。甚至從海外傳到中國的佛教，對中國文化的影響絕對是很大的。因此，中國傳統的文化有極度性的包容，包容性是很強的，可以接受外來的文化。儒、釋、道合一的一種文化，是中國文化的一種精髓。而在儒家獨尊以前，中國不是百家爭鳴嗎？文化多元性我認為反而是中國文化發展的一個真的面貌，而不是說中國的文化到了孔子以後就是直線發展，不是這樣的。只不過進入近代以後，強化傳統文化的影響，變成好像對外國的文化

不是很欣賞，不是很尊重。當西方文化進入中國時，就採取統一的態度來對付，造成了中國種種慘痛的經歷。因此，中國文化是一個多元性、包容性的文化系統。我以前的一位老師許倬雲教授，他在美國教學教了很多年，經常來亞洲講學，以前在中文大學做客座教授。他說，中國文化的來源有三個源頭，所謂的三個集團文化，就是中原系統、東北系統、東南系統。如果加上五十多個少數民族，你看中國的文化是不是很多元化？是色彩繽紛的文化彩虹，我覺得中國文化本身已經有內在的文化彩虹存在，只不過大家沒有很注意這一方面。所以，中國傳統的文化本質上是一個有活力的、很感性的、很多元化的文化。因此，在 21 世紀我們應該把包容性、多元性還原。

第三點，我覺得人類的變化在很大的程度上是受環境的影響。當然，也有人類改變、創造新環境的例子，比如說我以前的一位老師，他的名字叫高錕，拿諾貝爾物理獎的，他以前在中文大學教書，開過一些通識教育的課程，我們也聽過。他就是改變環境，他是「光纖之父」。沒有他的這個發明，我們怎麼可以上網？可是總的來講，人的改變是受環境的影響，我們是對環境的一種反應。如果你一成不變的話，你對這個環境的適應是有問題的。

歷史可以說得很清楚，中國以前就是一統天下、君臨天下的思想，別的國家向中國朝貢、叩頭、朝拜中國。到了近

※ 獲邀在享譽廣州的嶺南大論壇作公開講座，座無
　 虛席。

代西方的思想是要講平等的時候，中國就不曉得怎麼樣去適
應這種新的環境。所以，近代很多場合下在外交體系的改變
令中國有一個不曉得怎麼去反應的過程。所以，這是對環境
不適應的一個情況。之後現代化、工業化又改變了人類生產
的方法等等，商人的地位抬高了，人搬到大城市裏面，都市
化等等，這些都改變了人類對這個環境的反應，問題是怎麼
去改變，這是一個大問題。

　　我舉幾個例子來說好了，第一個中國派到外國的外交
人員郭嵩燾，郭嵩燾是中國第一任外派的外交大使，他是首
先派到去英國，然後到法國。指派他出任的時候他不想去，
他為什麼不想去呢？他說，我是忠心於我的皇帝，如果把我

派到外國，住在外國的話，我是不是也要服務另外一個君主呢？我是不是要共侍兩個君主呢？他以為他這樣做他是不忠於自己的君主，所以一開始他不想去。後來沒有辦法，他一定要去的時候他去了，其實他做得挺好的，他在英國倫敦成立了中國的第一個大使館，兩年之後又到了法國，英法兩邊走。後來他在做大使的時候寫了一本日記，看到什麼、做過什麼等等他都有記下來。他的這個經歷大大影響了西方對中國的看法，後來他的日記出版了，現在都可以看得到。

再舉另外一個例子，中國首位留美畢業生容閎，畢業於美國耶魯大學，是中國第一位拿學位的留學生，1854年畢業了。他回來之後主張派學生到美國接受西方教育，那個時候容閎確實做了很大的貢獻。為什麼呢？因為那個時候很多都是很保守的、抗拒改變的人，說中國不能派人到西方學習。清政府也不想改變，只不過因為在國內推行洋務運動不是很有效果，因為要經常僱一些洋專家，可是那些洋專家大多數都是騙人的，效果不是很好。所以清政府就聽了容閎的建議派學生到國外偷師，中國人就可以用自己的人材來推行現代化。所以，容閎的建議，清政府接受了，後來派了一百二十名年紀很小的，十多歲的小朋友、小留學生去外國。其實那一百二十名學生絕大部分都是廣東人，七成都是廣東人，因為廣東是比較開放的，容閎本身也是廣東人。他那個時候做了很大的貢獻，是因為他在一個很保守的環境裏，提醒清政

府一定要這樣做才可以改良中國的環境。可是你看容閎所寫的東西，你不一定認同他的看法。因為他一點都不尊重中國的文化，他是徹頭徹尾的全盤西化的一個人，他覺得西方什麼都好。從今天的角度來看，我不太認為容閎的言論適合現代的情況。我覺得全盤西化的論調根本就不適合中國將來發展。這些例子都可以看到環境可以改變一個人。容閎很小的時候就去了澳門、香港接受教育，然後去了美國接受教育，教會的人幫他出國，所以他受到西方文化很深的影響。他自己國學的基礎是不高的，這就是環境改變人的一個很典型的例子。所以，到現在 21 世紀我們應該怎麼樣根據這個環境改變來提升自己、改變自己去面對新的環境，這才是一個很重要的課題。

第四點，我們應該怎麼樣提升自己，向西方學習，怎麼樣跟外界溝通，減少摩擦，增進了解，這是我們目前所應該做的事情。如果西方的東西是好的，我們當然可以把它借過來用，也就是「偷師」。我也寫過一本中文書，叫《複製成功的魔法》，複製就是克隆。克隆是現在比較流行的技術。我們有克隆羊、克隆狗，甚至有克隆人，我聽說現在已經成功了，由於不道德，很多國家都立法不允許。現在的方向是克隆器官，因為某一個器官有問題，克隆的話就可以替換，西方在朝這個方面做了很多工作。西方有什麼好東西我們也可以克隆過來，這個是我們可以做的事情，向西方好的東西

學習。西方有什麼好的東西，我覺得可以借用，可以把它挪過來。

有幾點我們可以談，第一點是所謂西方成功的秘方，其中第一就是時間的管理是很重要的事情，Time Management 就是怎樣管理你的時間。因為每個人都是一天二十四小時，不可能多一秒少一秒，都只有二十四小時。為什麼有些人那麼成功？為什麼有些人那麼不成功？是不是成功的人完全是憑運氣的？肯定不是的，肯定是在他做事的方面有獨到的一面，怎麼樣善於運用他的時間，時間管理是很重要的一個 KEY —— 鑰匙。有一本書是美國一個成功學大師史提芬‧柯維（Stephen Covey）寫的，叫做 *The Seven Habits of Highly Effective People*，寫的是在現代社會怎麼去適應、打拼、成功的方法，時間管理是一個很重要的鑰匙。這個做法能提高你的效率，什麼東西是重要就先做，把你的時間都往這方面來挪，沒有那麼重要的就相應的去安排這個時間，朋友聊天當然也重要，但是如果你有一個重要的目標，就要把時間都放在那個目標。這本書裏是有一個表的，教你一、二、三、四怎麼去做，這些都是很好的，我覺得這些都是可以從西方學過來的，就是高效率，這是很管用的一個東西。

還有什麼東西可以向西方學習呢？比如說講求獨立性，我覺得也是挺有效果的一些做法，也是成功的鑰匙之一，在西方講的都是獨立的思考、個人主義，為了自己的理想，為

了你自己的目標你要很獨立的去籌劃、去安排你自己的工作。所以，講求高效率，講求獨立性，這些東西我們可以向西方學習。

可是，太講高效率、獨立性的話，人會出了什麼問題呢？那就是疏離感，人與人的關係會愈來愈不像以前那樣，因為都太理性了，如果完全都是理性的因素影響，那麼人這個因素應該怎麼樣放。是不是太講高效率，太講獨立性，而忽略了人本的因素，這是一個問題。我的一個想法就是，現在在全球化的浪潮裏面，是不是為了成功連人本這個因素都不那麼重視，這是一個問題。所以，我覺得中國文化講求人本，講求人的和諧，這個可以在現代社會裏面提供一個很管用、很有效的一個良方，我覺得這個是可以做得到的。所以，我覺得不但是西方的東西要傳到東方，東方的東西也可以傳到西方，或者是起領導的作用也可以。因為你太講非人性的發展，這不是人類所想要的一種目標。所以，東方思想、中國文化可以在這方面扮演一個很重要的角色。

第五點，我講一下中西文化衝突的問題。前幾年有一位美國的教授森姆‧亨廷頓（Samuel P. Huntington），他寫了一本書叫《文明衝突》（*The Clash of Civilizations*），他提了一個文明衝突論這個說法。我覺得這個說法是冷戰以後的一個產物，是西方在尋找一個假想的敵人來作為國家安全的一種設計。他怎麼說呢？他說西方以基督教為文化主體的國

家，跟東方以儒家為主體的中國文化和伊斯蘭文化對抗，中國要跟伊斯蘭合作，對抗西方基督教為文化主體的國家。他是麻省理工學院的一個教授，他向美國政府提供這麼一個看法。我們覺得這樣的看法是沒有根據的。中國哪有可能跟伊斯蘭結盟對抗基督教的文化呢？他根本就是不了解中國的文化種種不同因素的考慮背景。我們覺得這不是促進和平和世界大同的做法。

怎麼做才行呢？我覺得作為個人我們可以做以下幾點：第一，就是增加對中國文化的認同，鞏固對自己文化的認識，從中國文化遺產中找到靈丹；第二，尊重不同的文化，先要自己尊重自己的文化作為一個大前提，在這大前提之下我們也要尊重別人的文化，尊重、欣賞是一個很重要的心態；第三，不但是尊重，還要盡量去認識跟了解不同的文化：比如說可以去上海的世博會，有一百九十多個國家的展覽館在那裏面，你去上海就可以遊覽全世界了，這個是很重要的。根據世博會提供的數字，它們會開放半年，估計要到 10 月底，它們預算整個半年裏大約有七千萬人去參觀，在這七千萬人裏有九成半是中國本地人去的。我覺得這是一個很好的機會，讓中國人認識西方的文化，促進對西方的了解，所以說這個世博會是很重要的機會；第四，我們可以多做一些國民外交。作為一個泱泱大國，中國的國民，我們可以盡可能去推行國民外交，特別是你們去國外的時候要宣揚

中國的文化。你不要以為你出國別人不認識你，什麼都可以做，吐痰都可以做，其實這會影響到外國人對我們的印象。所以，在國外，我覺得不論是在行為和言談方面都要注意一下，有機會的話要去宣揚中國、宣揚中華文化，這樣別人對中國的印象就會愈來愈好。你這樣做的話別人肯定會有好的印象，這些都是我們可以做得到的，這些不是空談、很遙遠的東西，這就是身邊、現在可以做的事情。

　　我這四十多年在不斷地觀察、體驗，我的內在有兩個系統，一個是中國的系統，一個是美國的系統。要跟誰打交道我認為用哪一個系統合適，就用哪個系統，如果你跟老美打交道你用中國的系統他不懂。所以，我的內心是有兩個系統在裏面的，你用西方的方法當然可以，你用中國的方法也完全沒有問題，中西餐我都可以吃，問題是你的心態是怎樣這個才是最重要的。本土化、國際化在我腦子裏就是這樣的，在我腦子裏面作為我思維、行為的主導。這兩個是沒有衝突的，問題是你怎麼去利用它，什麼時候怎麼用，這個才是重要的。當然，還有中西的異同，比如說中國人比較內涵，什麼東西都不講出來，藏在心裏，你要觀察我的眼神來猜我的想法。西方人就不是這樣，我要你怎麼樣，說得很清楚。我覺得跟老外打交道要明白這一點，要不然的話就會有衝突。中西文化之間的衝突很多時候就是不了解造成的誤解，所以這個看法、視野也是很重要的。比如說這瓶水有一半是

滿的，你可以說正好還有半瓶，你也可以說，怎麼搞的，只有半瓶？同樣的東西，都是沒有改變的，可是你的心態完全不一樣了。所以說，學就是要學這個心態的問題，怎麼樣處理才可以減少衝突跟摩擦。我過去四十多年，在美國三年多拿了博士學位，然後去西東大學教了四十多年。我有一個理想，就是在海外宣揚中國的文化、中華的文化，促進交流。所以，這麼多年我在我的工作崗位上，在我下班的時間我都在做這方面的工作，我希望通過我的工作可以建立起一座一座交流的橋樑，默默地去做一些事情。

（本文是在廣州「嶺南大論壇」演講時大會的筆錄，2010 年 5 月；亦曾在香港中文大學公開講壇上發表）

第三節　邁向全球化與國際交流：武漢大學與美國西東大學學術交流三十載親歷記

1. 全球化與中西文化的交流

在 20 世紀 80 年代的初期，由於改革開放政策的推行，中國開啟了驚天動地的大變化，並開始與國際接軌，向外面的世界奮起直追，而作為培養知識份子與現代化菁英的高等院校，便自然而然地肩負了這個新的任務和使命，也邁向學術的全球化，加強與外國高等院校的學術交流。也就是在這

種情況下武漢大學與美國西東大學（Seton Hall University）在 80 年代初即建立了學術交流的計劃，成為了最早期的一座中美學術文化交流的橋樑，筆者因緣際會，有幸成為這座交流橋樑的推手之一，為自己的祖國竭盡心力，以表寸心，亦滿足了自己千絲萬縷的「祖國情結」。

在香港土生土長的我，在香港中文大學畢業後，獲中大與美國加州大學的交換計劃選派赴美攻讀碩士及博士學位，1978 年學成後便應聘到美國東岸的西東大學任教，藉著在大學任教工作的方便來推動中西文化與學術的交流，而這個希望也成為了我一生工作的抱負與使命。因此之故，武大與我任教的西東大學的交流項目，便順理成章地成為了我實踐及推動中西文化交流的媒介與橋樑，也開展了歷時三十載的武漢文化之旅！

2. 初訪武大與三十年的情緣

初訪武大給我留下深刻的印象及難忘的回憶。三十年前，即在 1983 年的 5 月，我首次訪問武漢大學。武大除了是中國的十大名校之一，也被公認為中國最美的大學校園。坐落在珞珈山及東湖旁邊，武大在 3 月期間當櫻花綻放時特別迷人，美景吸引成千上萬的訪客，絡繹不絕。

1983 年的 5 月底，我從美國紐約往香港，經廣州坐火車抵武昌（當時乘坐飛機並沒有現在的方便），武大派員來火

車站迎接，並熱情接待，安排在校內的外國專家招待所（簡稱「外招」）居住。這時的武漢由於是較在內陸的關係因而比沿海的城市封閉及保守，「外招」是外籍教員的居所，武大的師生來訪，都要登記，就是要複印研究的材料也得要校方的批准，這與今天比較開放的程度實在是不可同日而語，從這裏也可以看得出早期的交流是舉步維艱的，是在一步一步地前進。

我的專業是外交與近代歷史，而武漢是研究辛亥革命武昌首義的重鎮。「紅樓」是首義第一槍之地，是參觀的重點，現在旁更建了一座辛亥革命博物館作紀念。武大歷史系（現今改組為歷史學院）的近代史專家人材濟濟，就是研究辛亥革命的專家便有蕭致治教授（後成了我的摯友）及姚薇元教授（主力在研究鴉片戰爭，現已身故），其他前前後後的，還有胡德坤、徐友珍、張德明、胡才珍等諸教授，陣容十分鼎盛。首次造訪，我在歷史系作了幾個有關外交史的演講，而蕭致治教授更帶領我參觀了首義第一槍的「紅樓」，又訪問了參加首義的革命老人。在系內，也進行了一系列的師生座談會，此外，武大又邀請我在英文系作有關中英雙語教育的講座（我那時亦是西東大學雙語教育課程的共同主任）。後更應邀往中南民族學院作有關少數民族課題的講座，所以在訪問武漢短短數週內，我作了大量的學術與文化交流的工作。

在此後的三十年，我平均一年或兩年，便會往武大作學術講學及交流，又新認識了不少武大的教授並建立了學術上的合作。例如在 2001 年我代表西東大學亞洲研究所（時我任該所主任）與武大文學院的龍泉明院長合辦一個「當代中國流行文化國際學術研討會」，聯合海內外的專家學者，共同探討中國在改革開放後在社會及文化上的變化，這會議十分成功，取得圓滿的成果，也算是中西文化交流之旅的一個高潮。後來我又與文學院的副院長陳國恩教授作學術上的合作，也應邀指導或閱讀武大不同學院的博士及碩士論文的工作。

　　這段三十年與武大交流與合作的情緣，實在有很多值得回憶的點滴，例如一位商學院的教授國世平博士，與我頗為投緣，在我多次的造訪中，他除了與我作學術上的交流外，還不時抽空陪伴我走訪武漢的地方與人物。當時（80 至 90 年代）的交通，並沒有現在的方便，武昌至漢口的過長江大橋只有一座，更遑論說有如今天的多座過江大橋及過江隧道了。當時，一種市面上最常用的交通工具叫「麻木」，我們為貪圖方便也會乘坐，「麻木」是用摩托車改裝而成的交通工具，但卻是不符合交通安全標準，且司機大都是在路上橫衝直撞，只是為了節省一點時間，不遵守交通燈信號也不顧路面情況，我當時有感而發，對國教授說這種交通工具實在應該要取締了，否則武漢現代化的道路將會是十分的漫長。但

這句話對國教授卻似是有很大的啟發，往後他與我談了不少對中國現代化的看法，加深了我們之間的討論與交流。數年後，他轉往另一所大學任教，並兼任國家經濟發展某局的重要委員，經常看見他上電視接受訪問發表意見，而我們之間亦一直保持聯絡及繼續進行交流。至於「麻木」在武漢至今亦已絕跡了，畢竟，武漢是在不停地發展和進步！而這個實例，在我的三十載武漢文化之旅中也留下了難忘的印象。

3. 任中西文化交流的推手

　　武大與西東大學的學術交流項目，在中方是由武大的「外事處」（現改名為「國際交流部」）負責，而美方則由西東大學內一位教授負責並監督及主持交流事宜。在 20 世紀 90 年代，我獲我校的任命，成為這個項目的美方負責人。

　　根據這個學術交流項目的協議，中方每年選派一至兩位武大的教授來西東大學進修，旁聽課程以提升他們的教學及研究的能力，並跟隨一位對口的美國導師學習及作研究工作，而美方則由西東大學每年派遣一至兩位教授往武大進行為期一個月左右的講學。武大的教授來美，西東大學負責接待及安排學習的計劃外，還會支付每人每年一筆費用，而美方的教授則沒有受薪，武大會負責西東大學來訪的教授在國內的食宿及交通，這個交流項目三十年來維持至今沒有改變。

自我接任美方負責人的工作之後，便著手開展行政方面的工作，包括選擇武大的來美教授（由武大提名再由美方遴選）、協助他們申請美國簽證、安排住宿、尋找研究課題對口的美方教授作為武大教授在美國學習時的學術導師等等，工作十分繁瑣，特別是來訪的教授有著種種在美國適應的問題（包括語言及生活習慣），我由於通曉中文，自是更方便地提供協助，而我也盡我的能力去施以援手，例如我成功地向我校方申請增加他們的生活費用（年薪），又成功地去保護這項交流計劃得以繼續開辦下去。

此外，作為美方的負責人，我也要安排接待武大派來的訪問代表團。例如在 1999 年武大校長侯傑昌教授親自率領武大代表團來美，與西東大學續簽交流合作的協議，我除了安排儀式及節目外，也替他們安排住宿及遊覽（例如往紐約的聯合國總部參觀），並安排他們與美國東岸的武大校友會見面等等，此後，武大的多個代表團亦來美國新澤西州訪問，進行交流。

這三十年來，武大派來西東大學進修的教授，人數亦著實不少，分別從不同的學院或系別選派，例如從英文系、歷史系、公共管理系、哲學系、生命科學系等，不一而足，而其中又尤以英文系來的教授佔最大的比例，他們出洋來美，在西東大學進行學習及研究，回國後繼續在武大服務，現在他們甚至可以在他們系中組成一個西東大學校友會了，例如

方興、程文英、劉軍平、熊偉、文育玲等教授，他們在西東大學學習時，我是盡了我的能力去照顧他們，又例如歷史系的張德明教授在美國時，甚至來上我的課，他回國後至今一直與我聯繫，感謝我及西東大學對他的照顧，其他歷史學院來西東的教授還包括徐少華、胡才珍等。

我作為美方負責人，也要在需要時與美國政府協調，以便武大的教授能順利取得來美國的簽證。例如在 2005 年，有兩位武大教授申請來美的簽證被拒，我特別出面寫了一封措辭強烈的信給在華的美國大使館，抗議他們對簽發簽證打壓，並進行了斡旋的工作。

當然，要做的工作還包括作為心理諮詢師來輔導來美武大教授的生活與適應及情緒的問題，甚至是在他們生病時找醫生或送往醫院，或安排出遊等等的工作。作為西東大學與武大交流項目的美方負責人，我的工作雖是義務性質，但我卻是努力以赴，為武大來的教授服務，希望他們回國後能為武大及祖國作更多及更大的貢獻，這也就是我個人的心願。

還有一件令我印象深刻的，便是武大在 2003 年慶祝一百一十週年校慶時，我校派我代表西東大學前往致賀，並送上一紀念牌。我因教學的工作忙碌，只有三天的時間往來，在飛行旅途上已用了兩天，在武大逗留的時間亦只有二十多個小時而已，行色匆匆，但卻為武大有著百多年的歷

※ 代表西東大學赴武漢祝賀武大一百一十週年校慶時攝

史而感到驕傲，除參加了隆重的紀念儀式外，也接受了訪問，此情此景，猶如發生在昨天似的，歷歷在目。而今年，武大慶祝它的一百二十週年校慶了，實在是令人十分振奮，而作為多年來武大與西東大學交流項目的美方負責人，我也為能夠為這一座中美學術交流的橋樑貢獻了一點力量而感到自豪！

作為項目的美方負責人，我因經常得與武大「外事處」的彭元傑處長聯絡而建立了深厚的友誼。武大與其他學校合併及擴展後，「外事處」改名為「國際交流部」，校方對外的工作也因此變得更為繁忙，工作人員也有更替，但工作態度

仍是十分熱情及賣力，從早期的王春閣到現在的桂凌等人，都一直是交流項目的好幫手，這也是中美學術及文化交流上一段感人的插曲。

4. 作客教學與文化交流的深化

　　除了行政工作外，我對武大的投入與感情也是與時俱增的。自新世紀（21世紀）的開始，我獲武大聘任為客座教授，在不同的學院作講學與學術輔導及顧問的工作。客座教授是一個很高的學術榮譽而又是義務性質的工作，任期為三年一任，並可續聘，轉眼間，我又已被續聘了多次。在2001年由校長侯傑昌第一次聘任，後在2004及2008年由劉經南校長兩次續聘，後在2011年再由李曉紅校長再續聘至今。每次都有特別的聘任儀式在校內舉行，通常由副校長主持典禮。

　　作為武大的客座教授，我與多個武大的學院作緊密的學術交流與合作（因為我的學術興趣與專長是跨越數個不同的科系，也曾出版了三十本專著），例如前述在2001年我與武大文學院合辦了一個「當代中國流行文化國際學術研討會」，在中國第一次作學術研討改革開放後的流行文化及其影響。此外，每次回國，我都會到武大作學術演講及與師生座談。

　　作為武大的客座教授，我還幫忙指導研究生的論文寫作，例如政治與公共管理學院劉早榮副教授的博士論文：〈美

中結盟與美日結盟——以中國因素為視角〉，我便做了一整年的學術指導，也批閱了一些碩士論文（例如毛莉娟同學的論文等等）。

除此之外，我還參加了一些學術成果發表的工作，例如在學術專著方面，在 2006 年武大出版社替我出版了一本專書《近代中國在世界的崛起：文化、外交與歷史的新探索》，出版後甚獲學術界的好評。而在學術論文出版方面，也出版了例如以下的論文：〈華人的全球意識：中西文化整合的反思〉，載於「人文論叢」2002 卷，由武大出版社於 2003 年出版等等。此外，武大出版社亦邀請我與武大英文系教授合作編寫一本跨文化研究的英文讀本，供本科生及研究生使用。

還有一件值得一提的事，就是在武大人士的介紹與推薦下我與在武漢的湖北人民出版社簽約出書，在 2011 年出版了《正義的天使張純如》一書（張為美籍華人女作家，曾出版《南京大屠殺》英文書而名噪一時，後卻不幸自殺身亡），該書是以張的一生作為中心，闡述南京大屠殺前前後後的歷史經緯，該書僥倖獲北美人文及社會科學華人教授協會頒發「最佳創意著作獎」（Creative Writing Award），而該書的出版，亦曾獲武大的教授閱讀書稿及提供寶貴的意見，發揮了中美學術上的合作與交流的精神，也令我的武漢文化之旅增添了特殊的意義！

5. 後記

　　這二十年武漢文化交流的點點滴滴，回憶起來真是有如千絲萬縷卻是掛一漏萬，在這裏只能記錄一個大要，但也是我人生經歷中的一段難忘的文化之旅。

　　而在這三十年的中國，也是經歷著翻天覆地的變化，改革開放後，中國與外面的世界大量接觸，中西學術與文化的交流，更加強了中國與國際接軌，武大的對外學術交流工作也是如日進千里，讓武大成為更加知名的國際高等學府，因此，武大與美國西東大學能夠在改革開放後的最早期便能建立起國際交流的關係至今，實在是中美學術交流史上的一件美事，而我本人有幸能參與其事，亦不啻是人生的一件快事！

　　三十年在我人生的旅程中不啻是一段很長的時光，因此我的武漢大學之旅，自然會留給我很多難忘的回憶。回想我無數次在長江江畔看那滾滾長江水來追思中華文化的浩瀚，或在武大校園收集剛掉下來的櫻花花瓣夾在書中來收藏，亦不會忘記在東湖泛舟享受著天地合一的那種忘我的感覺。但當然最深的武漢印象，還是那與武漢當地人文交流的深層互動與心靈的共鳴，這種文化之旅，才是令人魂牽夢繞及刻骨銘心的！今年的暑假，我也有再去武漢繼續那未完的文化之旅，而未來，不知又將會在何時可以重返武漢，再續那未了的情緣？

（原載《武漢大學報》2014 年）

第四節　北京大學講學隨想

　　對一些在美國居住了相當日子的老華僑來說，在暑假期間回香港或中國內地一行可以說是一件苦事，因不單是舟車勞頓之外，還得要忍受酷熱的天氣及擁擠的人氣。

　　然而對我來說，每年暑假回香港或往中國內地走走卻是一件賞心樂事。由於工作關係，每年的暑期間我在美國不用教學（除非是教暑期班），因此我會利用這段時間出國走動一下，呼吸一些不同的空氣，也增長一些新的見聞。在需要的情況下，我會探訪世界上不同的國家，拜訪一些高等院校作學術交流，更會應邀擔任客座或訪問教授作短期的講座。

　　但無論行程怎麼緊湊，我總會抽時間回香港或往中國內地走走。由於我的母親及一些家人仍在香港生活，因此我總會利用這機會回香港探親，陪伴老邁的母親一段時間，聊表一點孝心。除了會在香港的大學（例如香港大學、中文大學及理工大學）作講學外，也會應邀回中國國內作學術交流。

　　說來也許奇怪，我對回中國國內講學有著一種特別的心情。雖然我不是在內地出生或成長，在來美國前還不曾踏足家鄉，然而對自己的祖國卻有著一份特別濃烈的情感，是根之所繫？還是龍的文化所感染？但我回中國教學，或多或少是帶著一種希望，希望我的講學能為自己的祖國帶來一些海外學術界的新訊息，幫助教育中國新的一代，及促進祖國的

現代化。我的角色是充當中西文化學術交流的一道橋樑，這也許是我這個在香港土生土長的「香港人」秉承了香港在傳統及歷史上發揚中西文化交流的一種使命感，而我只是扮演著一個小小的角色而已。

當然，我也會因利乘便，隨著拜訪國內不同的大學（例如清華大學、武漢大學、浙江大學、重慶大學、中山大學、對外經貿大學等），去欣賞神州大地的山川美景及風土人情，見證過去二十多年來改革開放後中國的漫天變化，加深我對祖國的認識及了解。

今年（2002）的暑假，我應北京大學的邀請回國講學，6月間從香港直飛北京。上回訪問北大是在 1993 年的春天，那次是應經濟學院的邀請作短期訪問，並適逢北大建校九十五週年，副總理李嵐清亦有出席。今次我則是應北大研究院的邀請作跨系及跨研究中心的演講，反應相當熱烈。

北京大學是中國名校，與鄰近的清華大學被排名為中國頂尖的一流大學，而在文科及社會科學方面，北大更見優勝，教授陣容及學生質素亦是全國之冠。因此在北大校園講學，確實是一件賞心樂事，你有可以與你溝通及討論的教授群，更有專心聆聽及不斷向你請益的學生們，構成一個學術共鳴共振的環境。

除了學術環境外，北大的校園之美亦是全國數一數二，比清華大學更勝一籌。我被安排住在勺園內的外國專家樓，

※ 在北京大學講學時與著名經濟學家厲以寧教授合照

旁邊就是一大片的荷花池及一條古典而優雅的長廊，在六月的天氣中，荷花開始含苞待放，這種景色真是一絕！

6 月在北京通常已是非常酷熱，然而今年的 6 月卻是出奇的涼快，教授們都說是奇蹟。校園內經常有著慕名而來的遊客群，他們或在未名湖旁邊取景拍照，又或在校中心的三角地購買北大的紀念品作為留念。學生們對著這些遊客群似是習以為常，不以為意，反是遊客們卻不斷注視著學生們的一舉一動，報以羨慕的眼光，北大學生委實是中國大學生的天之驕子！

當然，中國的加入世貿組織及成功申辦 2008 年奧運會更

加速了北京的變化，市面上的建設如雨後春筍，遍地都是在施工似的，像是要用最快的速度來改變北京的容貌，我倒反是喜歡老北京的風貌，因此特別逛逛老胡同區、北海公園、天安門及香山等景點。

隨著奧運快將在北京舉行，英語熱正如火如荼地在北京燃燒，包括北大校園。增強英語能力是北大的教授及學生們應要努力的方向。在知識全球化的過程中，北大要與世界的著名大學接軌及競爭，外語的溝通能力尤其重要，但在我接觸的北京教授及學生們所得到的印象是：他們的英語能力尚需努力。朱鎔基總理在清華大學倡導以英語教學，就是希望提升清大的國際地位。除了外語能力外，北大更應加強與世界一流大學的學術交流，使北大躋身世界一流大學的殿堂，而不單只是稱霸中國而已。回想北大在 20 世紀初五四新文化運動時所扮演的重要角色，這種歷史的領導地位及使命感在中國境內又捨北大其誰？

6 月 30 日我在北大的工作完畢即直飛回香港，參加七月一日香港回歸五週年的紀念活動。臨別依依，一位教授代表北大送我一幅書法，上書：「道無窮 —— 伯華先生北大講學留念」。這幅書法，現正懸掛在我辦公室內作為永久的紀念，也成為了我與北大及祖國的夢魂交繫點！

（原載《海外香港協會》2003 年度年刊）

第六章

象牙塔外的逐夢者：為文化交流搭橋鋪路

第一節　我與民間的文化交流橋樑

在美國的華人，應要注意到他們是身處在一個多元文化的社會。社會學的一些學者，把移民列為「邊緣人」（Marginal man），說他們徘徊在兩個文化的夾縫間，不知何所適從，但我覺得這個概念，已是大大的過了時。在美國，這個在社會結構上及文化上已是十分多元化的社會，我們可以隨時隨地學習到別的文化，也同時可以將中國文化介紹給其他的族裔，互相欣賞及尊重，大家來做一個國際性的文化人，將世界的不同文化、組合團結成一個花團錦簇的世界文化彩虹圈，互相尊重、互相欣賞，一起發放文化的能量及光彩，和平共存。

我覺得，我們若要別人尊重中國文化，得必先要尊重及學習他人的文化，一方面要肯定自己的中國文化，而另一方面亦要將自己的文化視野及領域提升，而美國這個文化及族裔多元的社會，實在提供了很好的文化互相交流的環境。

為了要在美國宣揚中華文化及促進中西文化的交流，我覺得除了要在大學及學術團體之間進行大量工作之外，也更應要在社會上的各類型民間文化教育及專業團體之間，搭建起一座座的文化交流橋樑，來進行「中學西傳」及中華文化西被的中西文化交流工作，推廣及促進社會各層面上的互動與交流。

透過這些團體的活動，讓更多的華人對族裔的認同更為投入，更可以增進海外華人之間的感情，讓從四方八面而來美國的華人移民及土生土長的 ABC（American-Born Chinese）合作及團結起來，這樣可以提升華人的民族認同感，使他們認同中華文化並將它介紹及宣揚給不同的族裔，進而促進民族與文化之間的互動與交流。

對我個人而言，我深深地覺得，在大時代的劇變下，教授們傳統地關在象牙塔裏做學問的日子已是一去不復返，潮流的洪水，已沖破了大學的高牆，高級知識份子，更應要面對社會及參與社會，帶領社會走向和諧及和平，鼓吹人類互尊互融，而不只是獨善其身而已。

事實上，在過去多年工作的日子裏，我除了緊守作為教授的教研崗位外，還不斷積極投入社會及公益服務，以專業的知識及熱誠，來回饋社區及僑團，更以民間的各類團體及組織作為橋樑，去推廣及弘揚中華文化，促進中西文化的互動及交流。說起來也許會令人難以相信，社會服務的參與及對將中華文化推向世界的投入，使我在學術成就以外也得到無比的滿足感，這是在我少年時的教授夢裏所想像不到的。

下面列舉一些我在大紐約區曾參與的民間團體及組織，並介紹它們在弘揚中華文化及歷史上所做的大量工作。這些工作，對促進中西文化的交流及將中學西傳，起了積極的作

用，這些團體及組織，就是扮演著促進文化交流的重要橋樑角色。

第二節　海外香港協會中華文化研究基金會

　　說到海外香港協會中華文化研究基金會（簡稱華研基金會，New Jersey Chinese Cultural Studies Foundation）的誕生，得要先從新州香港會（New Jersey Hong Kong Club）說起。在 1992 年的 4 月，我和一位也是從香港來的林姓僑領籌組一個專為香港人及說粵語的華人而設的會社，透過這個香港會讓大家聯絡感情，互相幫助及舉辦文化活動。後來香港會擴大組織，改名為「海外香港協會」（Overseas Hong Kong Association, OHKA），活動的範圍擴大了，服務的項目也因應需要而增多。

　　1999 年，為了幫助這裏的華人融入主流社會，與及向主流社會介紹及發揚中華文化，海外香港協會在會長何恭亮的倡導下，議決成立一個非牟利的基金會來正式推行上述的工作。在該會的支持下，1999 年 6 月，華研基金會正式註冊成立為非牟利組織，並一致推舉我為創會主席，負責基金的一切業務，又任命不同委員來執行會務。在成立典禮時，有媒體給我採訪，我語重心長地說：「中國文化也是美國多元文

化構成的一部分，有不少外國人不辭勞苦往中國學習中國文化，視之為瑰寶，身為在美國的華人更應該有責任，向其他族裔及在美國土生土長的華人推廣及宣揚中華文化。」

華研基金會的成立有四個宗旨：第一，在新州發揚與推廣中華文化，使中華文化在新州的主流社會與多元文化的發展中發揮出更積極、更大的作用；第二，支持與贊助其他的社團與機構所舉辦的發揚中華文化的活動；第三，透過獎助學金，支持與贊助個人（特別是學生）學習中國語言與文化；第四，在能力範圍內，華研基金會與其他社團及教育機構共同合作，舉辦一些發揚與推廣中華文化的活動。

作為創會主席的我，要規劃基金會的組織、人事安排、工作方向及籌集資金等繁瑣工作。資金的籌集除了由個人及團體的捐助外，也會定期舉辦籌款晚會活動。

自成立以來，華研基金會曾頒發獎學金及贊助金給予無數傑出的學生、個人、學校及團體。得到贊助的學校和團體很多，現舉其中一年的贊助名單為例說明一下：橋水市初中的世界語言計劃；四健會中文學校；華夏中文學校；李文斯頓中文學校；華仁中文學校的圖書館及中華文化計劃；蒙路郡公立圖書館；莫薩郡公立圖書館；育才中文學校；北新中文學校；普林斯頓中文學校；王大中掌中戲團；新州中國新年慶祝籌備小組；與及《漢新月刊》舉辦的每年度徵文比賽等，林林總總的項目，年復一年，都獲華研基金會的資助，

※ 在華研基金主辦的新澤西州中學生中華文化項目競賽
後與獲獎學生合照

舉辦與中華文化有關的活動。

在成立初期的時候，華研基金會的主要角色，是在頒
發獎學金或贊助金，來支持個人或團體的有關中華文化的活
動，本身並無主辦任何活動。但從 2006 年開始，華研基金會
主動籌辦我們認為更有意義及更可以打入主流社會的活動，
去宣揚中華文化，並取得很好的成果。

其中一項我們主辦的活動，名為「中國文化項目競賽」
（Chinese Cultural Project Contest），邀請新州的公私立大學
及中學的學生參加比賽，每年比賽的題目不一，但都是圍繞

著中國文化的課題，例如：「打破西方對中國人固有印象」、「中國的節慶」、「中美音樂如何反映兩種文化的差異」等，參加比賽的學校十分踴躍，評審則由大學專家教授及漢語老師擔任，每次比賽的場面都很熱鬧，傳媒亦有廣泛的報導，替我們作宣傳。

另一項也是由華研基金會主辦的活動，是每半年一次，由陳東東教授主持，特別為漢語老師而設的「中文教師圓桌會議」（Roundtable），每次邀請專家學者來給漢語老師作再培訓，指導他們新的知識及技巧，增強他們教授漢語的能力，令他們能更有效地把中文傳授給美國學生。此外，也會邀請有經驗的漢語老師來與其他老師分享他們的經驗及心得，與及在教學上的成果。

華研基金會這麼多年來的工作，一直受到社會各界的鼓勵及支持，由於在中美文化互動上作出努力及貢獻，經常受到新州州政府及州長的表揚，對該會推崇備至。

我做完了創會主席的兩年任期後，初創的規模已具，數年後我又再被邀回來多做一個任期，此外，亦擔任該會的顧問及文化項目競賽的評審。華研基金會的現任主席為西東大學漢語及語言學教授陳東東博士。

第三節　李文斯頓中文學校及華人協會

　　由於美國在 1965 年頒佈較為開放的移民政策，之後大量華人移民來美生活，因此他們對下一代的中文教育，便有愈來愈大的需求，以致在美國的大小城市內便有不少的中文學校蓬勃地興起。

　　中文學校大多是週末才上課，好讓平日在美國學校用英語上課的華人學生，有機會在週末往中文學校學習自己的母語，提升中文能力的水平，也增加對中華文化的認同感，同時，更可以用學來的中文與不諳英語的長輩在家中溝通。後來，中文學校又吸納美國學生來校學習中國語言及文化，所以中文學校在美國，實在是發揮著極大的文化及語言教育功能，對中學西傳作出很大的貢獻。

　　我在 20 世紀末及 21 世紀初時，亦曾參與我當時居住的李文斯頓鎮內的一所中文學校 "Livingston Chinese School" 的工作，並擔任義務校長一職，後來一直任榮譽校董及顧問，幫忙校務的工作及發展。

　　李文斯頓中文學校成立於 1983 年，由香港來的杜苑香教授（後來任「托福」英文試的主管）與台灣來的黃李彩雲會計師共同創辦。當時的學生，主要是台灣移民的下一代，在課堂上是用傳統繁體字及國語音標來教學。校舍是向公立學校租用，由於只是在週末才上課，所以在上課時間上兩者沒

有衝突，只是校舍租金較為高昂，通常都佔學校預算的很大百分比。

隨著 1997 年香港回歸的問題逼近，也有不少香港人開始移民美國，新澤西州因環境優美（新州又稱「花園州」，Garden State），而且有良好的公立學校及教育制度，其中李文斯頓鎮更以優良的學區（被譽為 Blue Ribbon，藍絲帶學區）馳名，吸引了大量的粵語家庭遷入。而從中國內地來的新移民亦蜂湧而至，中文學校遂成為華人學生及家長們在週末聚集的好去處了。

我在任李文斯頓中文學校校長期間，感念社會情況的變化，及不同的新移民家庭的需要，決定進行三項重要的改革。第一，是在國語班教學制度上，因應粵語家庭的需要及要求，增設粵語班制度的教學，使中文課程實行國粵語班雙軌制，也成為該校與別校不同的一個特色。第二，是在校內增設漢語拼音班，讓國內來的及土生土長的華人小朋友，與及一些後來加入的美國學生可以一起上課，可以用比較容易的漢語拼音法來學習中文。第三，則是除語言課外，增設各式各樣的中國文化興趣班，以配合語言課的需要，也增加學生對中國及中華文化的認識。

這些改革在推行時有一些阻力，例如一些台灣家長反對增設粵語班，並反建議增設台語班，也反對增設漢語拼音班，但在我努力地解釋及斡旋下，問題終於得到解決。當然

※ 任李文斯頓中文學校義務校長時與同事共慶新年

還有其他的問題，例如要與校區當局談判，反對加租金與及購買更大額的學生安全保險等，這些都是因為學生人數增加及課後文化活動而連帶引出的問題。

　　當然，增加課程及活動，自然需要增加大量的工作人手，雖然有義務的家長幫忙，但粵語班的老師及教材，以及興趣班的老師及道具等的問題，亦要一一處理好才能開課。我太太 Vera、蔡妙霞（周松崗太太）及林瑞華，遂被我羅致成為粵語班老師及幫忙編纂需用的教材，我太太還兼任國畫班老師，因她在香港時曾學習國畫十多年並曾作公開展覽之故。又例如新成立的醒獅班需要購買獅頭給學生練習之用，

我於是又想辦法籌款，由陳達新及黃盈盈夫婦捐款，向廣東佛山購買獅頭，又聘請外面的武術隊教練來教導，舞獅隊遂正式成立，後來更成為十分有名氣、極受歡迎並有中國特色的表演隊，在節日時受邀在各處表演，我兒子家俊也有參加，是舞獅隊的隊員。

興趣班除舞獅隊外，還有功夫、太極拳、民族舞蹈、插花、摺紙、扯鈴及棋藝等，成為了學生的課外文化活動，有些興趣班還設成人班，給有興趣的家長參加。由於校務改革的成功，中校也漸漸吸引愈來愈多的非華裔家庭，把他們的小朋友送來學習中文及中華文化，「東學西漸」，便也在校內進行著，中西文化的融合，有加無減，李文斯頓中文學校在中西文化交流上遂扮演著一個愈來愈重要的角色。

每年在校內的農曆新春表演晚會上，都迎來當地的官員政要及美國教師們作座上嘉賓，參觀及欣賞台上的華洋小學生賣力表演各式各樣的舞蹈、唱遊及中文朗誦等中國式文化節目。嘉賓們的臉上都充滿著讚賞及喜悅之情，印證著中華文化在美國的傳播及中西文化的逐漸融合，這些成績對我及一群熱心並努力付出的老師和家長來說，不啻是一個很大的鼓舞。

後來我亦被推舉為李文斯頓華人協會（Livingston Chinese Association）的會長，為華人社區服務，盡力去提升華人在主流社會上的地位，爭取華人的權利與平等，促進華

人與其他族裔之間的溝通及文化上的融合等工作。此外，又四處奔走，籌募費用及捐贈書籍來設立鎮內公立圖書館的中文圖書部，提供中文書籍給學生及家長們借閱，作為他們的精神糧食與教材。

第四節　新澤西州抗日戰爭史實維護會

　　除了認識中國文化之外，我也希望美國人及世人多一點認識中國的歷史，因為歷史與文化兩者的關係是互相影響而又是相輔相成的，可說是因歷史而厚重，因文化而吸引。因此，我除了在大學課堂及公開的場合上演講有關歷史的課題之外，更是想方設法，在民間的組織裏，去推展與中國有關的歷史教育，特別是我是唸歷史學出身的，覺得自己應要肩負這個重要的責任，讓世人知道中國歷史的真相，而不致誤解或被誤導。

　　我們都知道，百多年的近代中國史，是一段段悲慘的痛史，特別是在日本軍國主義侵略中國的數十年間，殘殺及導致起碼三千五百萬的中國人死亡，無數的人受傷害、流離失所及造成的財物損失，還有細菌戰、生化武器及慰安婦等暴行，都是罄竹難書，應要揭之於世，讓世人及後人知道歷史的真相，從中汲取教訓，不再重覆侵略暴行，共同爭取世界的和平。

遺憾的是，日本政府（特別是右翼份子）對二戰時在中國的暴行，仍未有正式及真誠向中國人道歉，這與德國在戰時對猶太人的暴行已表示真誠懺悔及道歉的態度，形成強烈的對比。日本政府對戰時暴行的遮掩及竄改，令世人以至年青的日本人都無法知道這段歷史的真相，情況令人悲哀及痛心。

為此，一些有正義感的人士，在北美及世界各地，成立一個名叫「抗日戰爭史實維護會」的組織，去揭發日本在二戰期間在中國及亞洲各地的暴行，並出版《抗戰史實通訊》，讓世人知道史實的真相。這個組織在世界各地都有分會，在我這州名叫「新澤西州抗日戰爭史實維護會」（New Jersey Alliance for Learning and Preserving the History of WWII in Asia），簡稱新州史維會（NJ-ALPHA）。組織的目的，就是要教育美國學生及人民認識史實的真相，教育下一代正義及良知精神，共同追求世界的和平。

新州史維會成立於 1990 年代，由熱心人士組成，當時選出羅格斯大學的李培德教授為會長，我任副會長，大家同心協力去推行會務。後來李培德退休搬往加州，會長一職遂由我擔任，我任滿後由容鴻主持，繼續推行務會。

說到史維會，不得不提張純如（Iris Chang）這一名字，她是該會總部的創辦人之一，是美國土生土長的知名華裔女作家。因為她在 1997 年出版了一本名為《南京浩劫》

※ 邀請《南京大屠殺》一書
　作者張純如（Iris Chang）
　來新州作公開演講及新書
　發佈會

（*Rape of Nanking*）的英文書，向西方世界揭露日本侵華時
在南京的暴行，震驚海外，受到海內外讀者廣泛的關注，但
在熱銷的書出版後，她卻受到日本右翼份子不斷的恐嚇及攻
擊，情緒大受影響，終吞槍自殺身亡，死時才三十六歲，英
年早逝，令世人感到十分悲傷及惋惜！

　　在她那本書剛出版不久時，我們特邀請她來新州演講
及作新書發佈會，並利用這機會推展史維會的會務，而南京
大屠殺這段日軍暴行的歷史，也成為了當時工作上要強調的
重點。

相對而言，美國人對德國納粹軍政府在二戰時屠殺六百萬猶太人的這段歷史有較多的認識，因為美國的中學教科書中亦有教導這段被稱為猶太人「大浩劫（屠殺）」（Holocaust）的歷史，新州州政府更設有「新澤西猶太人大屠殺教育委員會」（New Jersey Commission on Holocaust Education）來教育學生。但是，相反地，美國人甚少或完全不知道南京大屠殺及日本在華暴行的歷史。為此，新州史維會決定與新澤西猶太人大屠殺教育委員會合作，聯手將德國與日本在戰時的暴行結合起來，一起作更廣泛的推廣以教育下一代，讓學生及人民認識歷史真相，好好汲取教訓，不要遺忘，並爭取世界和平。

　　我特別與新澤西猶太人大屠殺教育委員會的執行主任保羅‧溫格勒（Paul Winkler）博士合作，在我任教的西東大學籌辦一個大型的有關德、日大屠殺歷史的學術研討會，讓中學老師及有興趣的人士參加，增加他們對東西方兩場大屠殺歷史的認識，我在大會上亦特別介紹日本侵華的慘痛歷史。後來溫格勒博士更將南京大屠殺等日本侵華史實的教學大綱，分發給新州的每一所學校，讓老師在課堂上教授猶太人大浩劫歷史的同時，也一併講解南京大屠殺對中國人造成的慘痛經歷，希望教育學生，從歷史中汲取教訓。當然也要學生們知道，真正受害的人，是連日本及德國人在內的普通百姓，破壞和平及犯下暴行的是納粹及日本軍國主義，人民是

※ 於新州史維會在我校舉辦的大屠殺暴行比較研究的學術會議上與嘉賓及學者合攝

熱愛及渴求和平的一群。

為更進一步推展這方面的教育工作，我們積極籌募經費，決定每年定期選派多位新州中學老師在暑假期間赴中國內地，考察日軍在二戰時在中國犯下暴行的遺址，與及訪問倖存的慰安婦和其他受害人士，如實地記錄所見所聞，認識歷史的真相，好讓他們回美後，能夠在歷史課上傳達反戰及追求世界和平的訊息給他們的學生。

例如在 2005 年，我們選派了三位老師：馬特斯科（Catherine Matysik）、麥克斯皮特（Christine McSpirit）及韓裔的楊永（Young Yoon）赴內地考察。後來在 2006 年，又派了荷頓（Robert F. Holden）及沙威（Douglas Cervi）等老

師前往，他們訪問的行程包括南京大屠殺紀念館、東三省各地的細菌戰場、活體解剖遺址，及訪問倖存的慰安婦和曾被勞役的苦工等。他們在此行中初次認識及了解到日本在二戰時在中國所犯下的罪行，讓他們十分震驚，因為都是他們以前所不知道的歷史，回美後他們分別在各校作演講，介紹他們在考察行程的所見所聞及感受，讓社會大眾能認識這段在華發生的痛史。

2007 年，荷頓及沙威更聯手編輯了一套在課堂上用的教材：《南京大屠殺與日本在華及亞洲地區的罪行》（*The Nanking Massacre and other Japanese Atrocities Committed During the Asia-Pacific War, 1931-1945*），我擔任顧問，由新澤西猶太人大屠殺教育委員會出版，分發給全州中學老師作教學提綱及教學之用，讓更多學生及西方人士知道並記取這段沉重的歷史。

至於上面提及的女作家張純如，由於出版了驚世的《南京浩劫》一書而遭日本右翼份子圍攻，終於在 2004 年 11 月 9 日，因情緒備受困擾，在加州自殺身亡，讓天下華人同聲一哭，也令我久久不能釋懷，我們在新州舉行一場大型的追思會，及出版了一本追思她的書 —— 由心遠及梓櫻編輯的《永遠的張純如》（2004），我來作序，表達思念之情。

為了紀念張純如的正義精神，我決心為她作傳記，並想

用這書來教育年青的下一代這段現在幾被遺忘的南京大屠殺痛史，讓他們學習張純如的正義精神。為了撰寫這本書，我特別飛往加州採訪張純如的父母張紹進博士及張盈盈博士，與及張純如生前的一些朋友，又收集了不少的資料及照片，這書寫成後於 2011 年出版，書名為《正義的天使張純如》（*The Angel of Justice Iris Chang*）。這書出版後受到廣大歡迎及讚賞，並獲北美人文及社會科學華人教授協會（ACPSS）頒發「最佳創意著作獎」（Creative Writing Award）予以獎勵。我亦特別親身將書帶往南京，送給南京大屠殺紀念館作永久收藏及展覽，表達我對張純如無限的敬意，並悼念在日本侵華及南京大屠殺中千千萬萬的死難者！

第五節　新州中國日、美華專業人士協會、中美基金會、紐約海外華人新文化運動協會及中大美東校友會

中華文化博大精深，華人承傳數千年的文化，在海內外薪火相傳，作為龍的傳人，應該把中華文化發揚光大，使龍的身影廣被海外各地。在美國生活的華人，雖身在海外，卻心繫祖國及中華文化，祖國情結，千絲萬縷，揮不去更斬不斷，這種感覺，人在異鄉時更為濃烈。

美國東岸有著為數甚多的華人團體，他們也是默默地在主流社會中，努力去推廣中華文化，對協助中美文化的交流不遺餘力。以下介紹另外幾個我曾參與工作的文化及專業團體，它們都扮演著中西文化交流的橋樑角色。

1. 新州中國日

　　新州與全美國一樣，是一個在結構上屬多元族裔的社會，為了宣揚及推廣各族裔和諧相處，達致不同文化和平共存的目標，州政府每年都為每一主要族裔舉辦一特色的文化節，華人的叫「新州中國日」（New Jersey Chinese Festival），由於五月份在美國是「亞裔傳統日」（Asian Heritage Month），所以「新州中國日」會在每年五月的一個週末舉行。

　　「新州中國日」是個重大的對外宣揚中華文化的日子，場面十分熱鬧，每年都有各類文化團體參與，表演各式各樣的中國舞蹈、歌曲、書法、繪畫、木偶戲、剪紙、剪影及其他才藝，或作演講和介紹風水命理等，包羅萬有，吸引很多來賓，是個盛大的中國文化日。

　　我參加「新州中國日」的籌備工作，前後已有十多年，擔任籌備委員會委員，工作亦頗為繁重，籌備一個這樣大型的活動需要數個月的時間，各委員都上下一心，努力去為大家認同的中國文化作宣揚及推廣的工作，不遺餘力。每年的

※ 主持美華專業人士協會研討會，與演講嘉賓及幹事
　合攝。

「新州中國日」都獲得好評如潮，受到州政府的表揚及媒體的
報導，成功達到在美國發揚中華文化的目標，也在美國人的
心中為華人留下一個美好的印象。

2. 美華專業人士協會

　　美華專業人士協會（American Chinese Professionals
Association, ACPA）是我積極參與的另一個華人專業團體，它
是由一班不同領域的華人專業人士所組成，由於大家有著不

同專業範疇的知識，所以會員之間有著大量的互動及交流，還有著專業上的合作，促進與非華裔及主流社會上的專業人士之間的溝通。

在任該會會長期間，我籌辦了一連串的演講會及交流會的活動，提升會員們溝通的能力、跨文化的交往技巧，以及介紹工作上與不同族裔之間互動的要訣。協會還參與社會上不同的活動來提升華裔專業人士在主流社會上的地位，並鼓勵華人參與主流社會的活動及參政。

此外，由於中國近年的改革開放，美華專業人士協會也經常組團回國，參加國內主辦的不同專業領域的學術會議或技術交流會，與國內的專業人士交換意見及商討合作事宜。

3. 中美基金會

中美基金會（US-China Foundation for Medical Science & Technology）主要是由醫生及科技人士所組成，他們推舉我為行政會長，負責推動中美在醫術及科技方面的交流工作。我們主要是做協調的工作，把一些醫學及技術的書籍，與及美國捐助的醫療設備，轉贈往中國一些比較落後的地區，幫忙發展這些地區的醫療及科技的工作，促進當地的現代化。

此外，我們還不定期接待來訪的國內醫術及科技團體，交流意見及心得。同時，還會安排國內人員來美接受培訓，特別是在醫學上的培訓。

※ 紐約中國文化協會主辦活動時幹事合照

4. 紐約海外華人新文化運動協會及中大美東校友會

　　設在紐約的海外華人新文化運動協會，是由一群在大紐約區的熱心文化人士所組成，定期討論中華文化的復興活動，我是委員會的成員之一，活動主要是舉辦演講會及討論會，鼓勵及促進中國新文化運動的發展。

　　例如舉辦「中華文化論壇研討會」的系列演講會，我曾被邀在研討會上作專題演講，講題是「建築中西文化交流的橋樑：中西文化整合的反思」，地點在紐約的曼克頓舉行。同台演講的嘉賓還有紐約大學著名教授熊玠博士，他主講「中華文化整體觀與新解」，會後大家熱烈地討論及交流意見，集思廣益，探討中國文化未來的發展及方向，特別是在傳承

※ 接受採訪時介紹我的作品及文化活動

與創新的話題上，海外華人都可以出謀獻策，為祖國的文化
發展貢獻一份心力。

在紐約有很多其他的華人文化團體及刊物都在為中華文
化在海外傳薪的工作努力，我也曾為一些報刊及雜誌撰寫專
欄，並為香港中文大學美東校友會負責出版的《中大人在紐
約》及《中大人在美東》做共同編輯的工作。中大的校友在
紐約及美東地區都很熱心參與社會活動，除擔任海外學長及
接待剛到埠的校友們，發揮互助的精神，還一直支持中國教
育發展基金的「小扁擔勵學行動」，幫忙募款捐助國內貧困
山區及農村發展基礎教育，協助辦學及提供獎助學金。

第七章

結語：
從「西學東漸」
到「中學西傳」
的東風再起時

第一節　學術與文化之旅：文化交流橋樑的搭建

19 世紀末及 20 世紀初，中國封閉的大門在西洋的猛烈炮火下終告打開，西學開始大量東漸，西方文化及思想不斷湧進中國，使傳統的中國起了急劇的變化。中國首位留美大學畢業生容閎在他的自傳《西學東漸記》中，記述了他及他後來帶領往美國學習的官費「留美幼童」的種種向西方學習的經歷，而同一時期，也有大批中國勞工湧往美國，替美國的建設默默地作出大量的貢獻。庚子賠款後，更有大量的中國留學生及知識份子赴美，中美教育及文化的交流，於是在世界上這古老及嶄新的兩個國家展開了序幕！

美國的大學成立漢學系，是由哥倫比亞大學開風氣之先，隨後亦有幾所高校跟隨，例如哈佛、耶魯及普林斯頓大學等，漢語及中華文化的傳播在美國遂告展開，東風於是在大學的校園內乍起，開始吹拂著這塊土地！

哥大漢學系（現為東亞系）的成立，是有著一段很不尋常的故事，因為捐款創立該系的人，卻原來是一名從廣東台山來美幹了一輩子苦工的華人，也是直到今天，他的姓名及背景才被人發現出來。英文名為 Mar Dean Lung 的馬進龍，原名是馬萬昌，在紐約州替一富人家庭幹著低下的勞苦工作，在美國自稱為 Dean Lung 的他，後被人誤譯他的中文名字為「丁龍」，因為「進龍」的台山話與「丁龍」的普通話發

音相若。他十八歲時被賣到美國幹苦工，雖缺乏學識，但努力工作之餘卻是心繫祖國，希望中華文化能在美國被欣賞及重視，希望華人的地位受到尊重，這也成為他多年來在美國的「中國夢」。1901 年，「丁龍」（馬進龍）將他大半生辛苦積蓄得來的一萬二千美元捐給哥大成立漢學系，用來研究與教授漢語及中國文化，一償他在美國的心願，圓了他的「中國夢」，也是因為他的心願及慷慨，東風於是在美國初起，但由於研究及學習的人甚少，而範圍亦不廣，所以影響甚為微弱，但「丁龍」（馬進龍）的理想的實現，使美國這片土地，開始颳著微細而柔弱的東風！

到東風在美國的再起而蔚成風氣，已是在第二次世界大戰之後。大量的中國知識份子，因政局的動盪，在 1949 年前後不斷湧往美國，形成熱潮。坐落在新澤西州的西東大學，於 1951 年成立遠東學院及後來的亞洲學系，在一批中美學者共同及不斷的努力下，開創出一股更為波瀾壯闊的中國研究風氣，將中國語言及中華文化更有系統及有組織地介紹給美國社會，包括在大、中、小學的各層面上，而不再只是局限在象牙塔之內而已。西東大學的教授編的「德范克漢語系列」叢書，是數十年來大學漢語課程的經典教科書，漢語辭典及文學叢書亦相繼出版，後來更成立亞美教科書中心及大學出版社，編纂大中小學適用的中英雙語教材及大學用書，影響遍及全美，西東大學更成功申請大量政府資助，培訓大批中

※ 與在港及從各地回來的家人難得一聚，拍攝家庭大合照。

英雙語教學師資及行政人員，而近十多年來，更成功培訓大量對外漢語老師，使不少的中小學得以成立中文課程。我更透過民間的文化、教育及專業團體作為橋樑去鼓吹，使「漢語熱」及對中華文化的學習風氣在美國更是推向一個高峰。這次東風的再起，接觸到美國社會上更為廣闊的層面，而其影響也更為深遠、更為波瀾壯闊，使中國語言及文化在美國弘揚及傳播，自是加速了中美文化的交流與互動。

在機緣巧合之下，我的美國學術與文化之路，與東風在美國再起的時機可謂是不謀而遇，因緣際會，乘著其步伐而行，配合著我要在海外弘揚中華文化及促進中西文化交流的

※ 打扮成聖誕老人與妻兒慶祝聖誕節

理想及抱負，我在西東大學亞洲學系工作的時間長達近半個世紀，為理想貢獻著一己微薄之力。回憶起來，這實在是一趟夢幻之旅，從尋夢、到追夢、到圓夢，都有著滿滿的情感記憶。

在這條路上與我同行的追夢者，包括在香港的恩師李定一及王德昭教授，與及在美國的恩師徐中約及戴康德教授，感恩他們給我悉心的教誨，給予我他們寶貴的啟示與指導。而在我的工作崗位上，亦師亦友的前輩及同輩同事們如吳經熊、祖炳民、王方宇、德范克、馬幾道、蒲百瑞等諸位中國語文及歷史文化的權威學者，他們都給予我大量在精神上及

※與妻兒在元旦晚會上慶祝新年

教研上多方面的協助及鼓勵，我在前面的篇章中已有詳細介紹他們及描述我們之間的互動。我是追隨著這個在美國再起的東風，與我的同事及其他同道中人，例如周策縱、薛君度、白霖（Lynn White III）及眾多與我合作過的中國研究專家學者，一起努力攜手去弘揚中華文化並促進中西文化交流與互動。我們都是追夢者，渴望著夢想成真。若一位華人勞工「丁龍」（馬進龍）能為一圓他的「中國夢」而奉獻他大半生辛苦工作所得來的積蓄，慷慨捐贈給哥大成立漢學系，那麼作為知識份子的我們還可以不在更多的方面去延續及發揚這個精神與理想嗎？所以我在美國的學術與文化之旅，也是

※ 兒媳在紐約的婚宴上向爹媽舉杯敬酒

我數十年來嘔心瀝血而行的萬里長征。我負笈美國深造，也因此給我提供了一個廣闊及自由飛翔的空間，使我有機會在海外宣揚中華文化，為中西文化交流的工作搭橋鋪路，祖國文化情感及世界文化與民族和平共存的理念，成為了我奮勇前進的原動力！

多年來的觀察，使我深深地覺得，人們應該要多從本身局限的環境中抽身出來去看外面的世界，爭取學習的機會，否則是「曰天小者，非天小也，其所見小也」。我立志窮畢生之力在海外宣揚中華文化，更主張中西文化多交流及互動，就是希望華人能夠在文化取向上用兩條腿走路，一方面鞏固

對中華文化傳統觀念的「本土化」認同取向，而另一方面則朝「國際化」之路來提升自己的文化素養及開拓國際視野，擁抱世界。兩者並無矛盾，亦互不衝突，有「中國夢」，也有「世界夢」，正是「中華有夢，兼善天下」之意。追求中國與世界的和平及穩定，共同築建美好的世界文化彩虹，如海納百川，讓各民族及文化之間和睦共處、互相包容、互相輝映，這才是人類文明的正確及共贏的路向。因為世界的文明是多彩的、是平等的、更是包容的，只要秉持包容精神，就會減少及消弭國家與文化之間的矛盾及衝突。文明因為交流而多彩，因為互鑒而豐富，但要達到這目標，一定要全世界的華人及各民族提高文明的意識，提升文化的修煉，雙手去擁抱多彩的文化彩虹，營造成一個「集體意識」，共同為美好的將來努力！

我多年來從事研究國際關係的課題，深知不少民族國家經常將他們自己的利益，凌駕於世人的幸福之上。歷史上的帝國主義、軍國主義、霸權主義、狹隘民族主義、冷戰、新冷戰等，幾是無日無之，以致生靈塗炭，紛爭不絕，戰禍頻仍。諾貝爾和平獎的設立，是希望敲響起警鐘，提示世人和平的重要。而聯合國的成立，也是希望能想方設法，在國際的秩序及體系內減低國與國之間的摩擦及紛爭。有識之士，更希望能從文化交流之途徑來加強相互溝通，減低及消弭衝突，進而增進各民族與文化之間的和諧，共臻和平共存的福祉。

我的恩師戴康德教授多年來研究外交關係，深知國際關係的改善，得要從教育與文化的手段著手，提升人民的文明意識，進而喚起人類對和諧與和平的渴望及訴求。世界和平是一條十分長遠而又曲折的道路，能有寸進，已是難能可貴。但我相信只要能集腋成裘，眾志成城，和平的訴求最終是不會白費的。老子嘗言：「合抱之木，生於毫末；九層之塔，起於累土；千里之行，始於足下。」有心之士，當要群策群力，振臂高呼，引領世人向著和平的目標進發，如像環保地球運動的訴求一樣，否則人類將會步向萬劫不復的境地，自毀未來，希望人類不需要經歷過災難才會明白到和平的可貴！

　　從長遠看，文化的發展是沒有永遠一成不變的，變化有著外在的及內在的動力，文化發展是一個不間斷的連續體（continuum），在時代及環境的改變下，文化也要與時俱進，與時代共舞及合作，若是墨守成規，夜郎自大，定必不進則退，受時代的巨輪淘汰而湮滅，這在人類的歷史上是屢見不鮮的！

　　此外，我們還要注意文化「可持續發展」（sustainable development）的重要性，即「既要滿足當代人的需求，又不對後人滿足其需求的能力構成危害的發展」。這對物質與非物質文化的發展，是具有同樣的重要意義。在新的世界裏、新的挑戰下、新的環境中，中國要重新在世界的秩序中

定位，要向外界的文明學習，也要保存自我對傳統文化的認同，開啟新的路向，因此「傳承」與「創新」，成了中國新文化復興的取向及指標，要「承上」，更要「啟下」。

我在美國長達半世紀的學術及文化征途上，除培訓了大量的雙語與對外漢語老師及亞洲歷史文化老師之外，更為弘揚中華文化及促進中西文化交流的理想盡心盡力。我在美國與中國的高校內開設跨文化溝通的課程，就是因為溝通不單只是用語言去進行，更是要透過文化去表達。文化之間要互相溝通，才能增進了解及尊重。我也透過自己在象牙塔內外所扮演的角色，長期地建築以下一座一座文化交流的橋樑，為促進中西文化交流而努力，謀求世界和平的人類福祉。

回顧我近半世紀以來所累積的經驗及心得，可以歸納出以下我所構建的五座不同形式的文化交流橋樑，來推動及促進文化的交流與互動：

首先，我不斷訪問中美不同的高等院校，出任學術交流的交換學者及訪問或客座教授，在學術層次上推動中西交流與互動。在美國，除了在加州大學的不同校園外，我也曾在哥倫比亞大學、普林斯頓大學、密歇根大學等校作學術訪問及交流。在中國，除香港的幾所大學外，也曾在北京大學、武漢大學、浙江大學、江蘇大學及澳門科技大學等校作講學及研究，促進中美文化學術活動。又透過大學之間的交換計劃，策劃及主動促成相互學者的交流，例如西東大學一直以

來與武漢大學有學術交流的協議，每年都互派學者訪問。這個協議，就是中美文化交流的橋樑之一。西東大學還與很多中國的高校簽有交流協議，加強中美之間的學術與教育交流。

其次，除了建立學者交流外，學生之間的交流，也是中西文化交流內的一個重要環節。為了讓美國學生能親身觀察中國的發展及與中國學生交流，多年來在暑假我都帶領一班學生前往中國訪問，遍訪中國的文化勝地（如北京、西安）及現代化的城市（如上海、香港）。因為對中國有更深一層的認識，會有助美國學生對中華文化的欣賞及尊重。而我在課餘時間，亦撰寫了一些介紹美國高等學府及文化的文章與書籍，在國內作公開演講，讓中國年青的一代亦可以認識西方的學術與文化的情況，增進相互了解。我也愉快地接受了母校香港中文大學的邀請，多年來一直參加聯合書院海外學長計劃，輔導及協助來美短暫交換及遊學的師弟妹們，讓他們能盡快適應美國生活及學習西方文化。

此外，在我出任西東大學亞洲學系的系主任期間，更是想方設法去擴充系內及校內的亞洲課程，透過課程上的教學來推廣及宣揚中華文化。任內我更與陳東東教授合作，創辦「對外漢語及文化」碩士課程，培訓可以在美國中、小學內教導中國語言及文化的老師，使更多的美國學生能學習中國語言，使他們更尊重中國文化，從而促進中西文化的溝通，使「漢語熱」能推廣至美國中、小學的層面，讓更多的美

※ 與國際研究生於課後合照

國人可以與十四億的中國人有共同的語言。我亦曾義務擔任
李文斯頓中文學校校長一職,使美國土生土長的華僑學生,
也有機會學習他們的母語,更加插漢語拼音班,讓非華裔的
美國學生也可以一起學習中文及中國文化,促進中美文化的
交流。

再者,在校園以外,我亦透過不同的文化、教育及專業
團體,推廣及促進中美各層面的交流活動。例如我創設中華
文化研究基金會(華研基金),資助有關中華文化研究的專
案及活動,亦資助新州州內的中文學校及頒發助學金,也
主辦各式推廣中華文化的活動。我又出任美華專業人士協
會及中美醫學及技術基金會等協會的會長職位,在技術及

專業的層面來進行中美之間各方面的交流與合作，包括在學術、醫術、商業及高科技等領域的對口交流，促進中西方的互動。

最後，另一座文化橋樑的建成，是透過報章雜誌及公開演講去推動。我在中英文雜誌、期刊及報章上撰寫各類介紹文化歷史的文章及隨筆，並開設一些專欄，大力推廣及促進中西文化的交流及中美人民的溝通及互動。我亦撰寫及出版中、英文專著三十多冊，獲頒發多個專業成就優異獎，獲不同的文化及專業團體的肯定，更獲州政府的褒揚及獲頒「艾麗斯島（自由女神）榮譽勳章」，在美國政府的層面上去鼓吹中西文化的交流。

我希望在我這條長達半個世紀的學術與文化的道路上所努力耕耘及構築起的多座文化交流橋樑，能大力弘揚中華文化於海外，並協助促進世界文化的交流及各民族之間的溝通與關愛。但我深知，這些理想並非是一朝一夕及以一己之力所能達到，我只是盡其在我，窮畢生之力去逐夢，努力去把夢想從荒地變成綠洲，喚起所有同理想的人的注意及行動，群策群力，共同為世界的和平及幸福各盡一分力，讓世界變得更美好，化地球為人間的樂土，造福後世，而世人也只有團結起來，才可以發揮巨大的力量及作用，造福自己及後人。

現今保衛地球環境的環保運動「硬件工程」在世界上

進行得如火如荼，年紀輕輕的瑞典小女孩格蕾塔・通貝里（Greta Thunberg）也知道並矢志成為環保戰士，戮力拯救備受污染的地球。但同一時間，地球上的人類卻仍是爭鬥不絕，烽火四起，歧視與欺凌無日無之，人間難有樂土，如是則即使有不受污染的地球環境亦屬徒勞。若人類不能夠化戾氣為祥和，各民族與文化之間不能夠互相尊重、欣賞及融和，終日互相排斥、踐踏及爭戰，那麼人類在未來又將會面臨一個怎麼樣的世界？所以，追求文化的互尊及民族平等與和諧，是當今人類重要的「軟件工程」，是重中之重，唯有從最基本的人際間互愛出發，大家來做「世界和平使者」，進行「人民友好外交」，去拯救人類受了污染的心靈環境，對他人釋出善意與愛心的正能量，大家戮力同心，將「硬件工程」與「軟件工程」一起同步進行，互相配合，發揮積極的作用，那麼，人類的前途才會是光明及美好的，全世界共享的「宏觀和平」才可以成功在望。而東風的再起，將中華文化的和平訊息及智慧廣傳天下，與世界的文化相融合，相輔相成，追求永恆的和諧與和平，一起共晉人間福祉，庇蔭全人類，這理想的目標才是世人所熱切期盼的。

第二節 感恩之旅：掌聲背後的反思

我在美國近半個世紀的學術與文化之旅，回顧起來，也是一段段的自我不斷學習、反省及反思人生的感恩之旅。

首先得要感恩我的父母親，除了養育及教導的深恩之外，他們還給我在出洋留學上的允許及支持，使我能放心遠赴他鄉為理想打拼。孔子說：「父母在，不遠遊，遊必有方。」父母親知道我遊而有方，讓我放手自由地向著明確的目標去奮鬥，我是感恩不盡的，當然，回想起來，在那時也沒有可能會知道此一去便是半個世紀！同時我也要感恩在香港的兄弟姊妹們，在我長期離開父母時，仍然繼續關懷及照顧雙親，使我無遠慮及後顧之憂，雖然身在海外，但我仍然永遠對家人有著無限的思念及牽掛，無時或止。

我也要感恩我在香港中文大學就讀時的老師們及一班同學，上面的章節中已對老師們的教誨及指導表達謝意，但我也想感謝一班大學時的同班同學對我的關愛及提醒。那時候年少的我，因獲政府頒發大學入學成績優異獎學金，後又獲中大校長李卓敏博士頒發林文傑學業優異獎及黃允畋學業優異獎，年少不更事，感覺有點飄飄然，間或表現出一些傲氣而不自覺，尚幸同班同學在一次聚會上給了我及時的暗示來提醒，使我如夢初醒，驚覺過來，從此對人對事，都盡量嘗試學習用竭誠及謙遜的態度去「存好心，說好話，做好事」，

同學們的赤誠關愛，雖已是半個世紀以前的事，但仍令我心存感激至今。我覺得，人可以有傲骨或風骨，但不應該有傲氣。

在 1981 年以前，年紀尚輕的我，自視太高，相信力量是完全可以掌握在自己的手裏，認為有一百分的耕耘，便會有一百分的收穫，成功是全靠自己的努力。於是我做事用盡全力向前，也期待著得到相應的回報，但是，在 1981 年冬天裏的某一天，卻因一場交通意外，改變了我這個看法。

那一天早上，我如常開車送太太上班，但在高速公路上卻遇上了交通意外，被一輛大貨車闖紅燈而撞上我的車，車子全毀，我和太太皆受傷，我傷及頸部，她更是盤骨撕裂，要在牀上休養逾年才康復。這次意外，使我感悟到，一切的努力，成功與否並不是必然的，因為很多時候，成功還得要靠一點運氣，運氣來時，得要感恩，我特別感恩在一生中能多次從死亡的邊緣幸運地、奇蹟地走回來的經歷！

在這次意外發生後，我心裏想，多年來我為理想與事業打拼，並期待著有相應的美好成果，但是一位我不認識的貨車司機，為了節省不足一分鐘的時間而無意識地在公路上衝紅燈撞上了我，他這一剎那的舉動，卻幾乎把我的夢想及努力以至家庭全毀，以前的努力便會完全白費，這貨車司機的舉動並不在我控制的範圍之內，但他這個陌生人卻可以一下子毀掉我所做的一切及前途。因此，我意識到，一切的成功及得著並非是必然的，無論是有多大的成功，都要心存感

恩。阿里巴巴的創辦人馬雲曾說:「我的成功,七成是靠努力,三成是靠運氣。」台灣的成功企業家郭台銘也說:「我用盡我百分百的努力,但努力後交給運氣。」於是,我感悟到,我們若心存感恩之心,則會無懼在前方路上的挑戰,只要盡一己之力去面對,做好自己,不執著也不斤斤計較有如何得著,感恩所得,但求無愧於心,則無論是付出或犧牲多少,也會坦然去接受這一切的結果。

我態度一向比較積極及樂觀,通常都會向好的方面看,因為很多的事情,都存在著一個觀念上的不同看法。例如在桌上有半瓶開水,你可以心存感恩地說有半瓶水可以飲用,但你也可以埋怨說怎麼才只有半瓶水而已,半瓶水的存在是一個不可改變的客觀事實,不一樣的,是你的心態影響到你的看法,那麼你為何不向美好的方面看,對已得或可得的一切存感恩之心呢?有感恩之心,在風雨中也覺寧靜,心裏有陽光,就更易看見光明。

我學習及練習瑜珈二十多年,除了是為身體健康而做運動之外,更重要的是,在打坐冥想的時候,我會靜下心來反思自己的所言所行,亦讓心境更為放鬆,意境更為開放,也利用這機會誠心地去感恩我的所得。後來我更考獲瑜珈教練的執照,在大學內開設「禪與瑜珈」(Zen and Yoga)的課程,教導美國學生們這些東方的智慧,特別是要學習去感恩所得的自我修煉。

我曾經寫過兩本有關教導年青人成功之道的勵志書，一本是《複製成功的魔法》，另一本是與另一作者合寫的《順逆境自強》，都是提供一些方法及策略，激勵年青人努力奮發向上，朝著目標邁向成功之路。但我深深地覺得，成功之道除了要有好的策略及技巧之外，還得要時時存有感恩之心，因為很多事情的成功，並非是只有你一個人的努力而已，還有你的團隊及同事、工作人員、支持你的人、鼓勵你的人、替你鼓掌喝彩的人，還有你的家人及朋友給你的溫暖等等助力，都是值得你心存感恩及在適當時候回報的，感恩圖報，因果會循環不息。

　　我在學術及文化的道路上努力奮進，回顧起來，可說是得到頗為不錯及可觀的成績及回報，我內心是十分感恩的。在學術上，作為大學教授，我努力於教研的工作，並出版了三十多本著作，教導過逾萬名在美國及從世界各地而來的學生，培訓過無數的年青學者，令我內心感到無比的快慰及滿足。而為了要在海外推廣中華文化及促進中西文化交流，使「中學西傳」，除了在校園透過教學來進行之外，我更跳出象牙塔，在校園之外與社會及民間團體接觸及合作，用各種不同的形式和方法，去推展我的抱負及理想，也因感恩我所得到的一切，努力去回饋社會及這個世界。

　　這麼多年來，我付出的努力及辛勞並沒有白費，而我在努力之餘，也獲得不少的鼓勵、支持，與及喝彩的聲音與掌

聲。在這裏不妨重溫一下以下一些我在人生路途上發生的感恩情節及故事，好留記憶，也讓我回味，更樂意在這裏與大家分享我的經驗。

在新澤西州，有一本很有影響力的中文雜誌《漢新月刊》，曾以封面形式的標題報導我的工作，說我是：「中西文化交流的橋樑」，語多讚許。

我的母校香港中文大學在五十週年金禧紀念時把我評選為「世界傑出中大人」，並在《中大校友》期刊以專文報導我的工作，文章的標題是：「揮一抹文化彩虹」，是一個文雅的標題，配合著到位及感人的訪問文章。

中國內地方面亦曾派出一電視攝製隊，越洋來美國給我做電視專題訪問，並在中央電視台播放，我的訪問專輯名為：「繫我一生：海外華人菁英梁伯華」，明確地勾劃出我一生的抱負及使命，激勵年青人向上。

此外，母校也給我另一個使我十分感恩的榮耀。在 2006 年的夏天，我意外地收到香港中文大學聯合書院（中大是以書院制組成的）院長馮國培教授來函，邀請我於秋季回港為該院五十週年院慶作一個「金禧傑出校友」講座，這對我來說，是母校給我一個很大的榮耀，也是母校對我在畢業後在學術界的表現及在中西文化交流的工作上給予的肯定及表揚，我內心是愧不敢當的，也十分感恩母校當年給我的栽培及教誨。在回港時我也參加了一個學術會議及發表論文，但

主要目的還是主講「金禧傑出校友」講座，我的講題是有關中西文化交流，講座當天的邵逸夫堂坐滿了一千五百人，在後邊也是站滿了聽眾，可說是人頭湧湧，場面十分熱鬧。演講完畢，一些教師及學生排隊踴躍提問，把會場的氣氛推向高潮，我也接受了院長及校友會主席張煊昌博士一起頒發的「金禧傑出校友」獎牌，對他們的盛情，我是感激萬分，永遠不會忘記母校在我的人生道路上給我留下的光輝與鼓勵！

在 2007 年的初夏，我更僥倖獲頒美國聲譽極高的「艾麗斯島榮譽勳章」獎（Ellis Island Medal of Honor），表揚我在「中西文化交流上及學術上所作出的傑出貢獻」。這勳章又稱「自由女神榮譽勳章」，因勳章之上刻有自由女神的肖像，在美國被認為是各行各業的公民的最高成就榮譽。該獎是為慶祝自由女神像（Statue of Liberty）建立一百週年，由美國全國族裔聯盟在 1986 年設立及頒發的，深受參眾兩院一致認定，名單會在國會中存證，記錄在史冊上，因此極具聲望。該獎每年頒發一次，獎勵有傑出貢獻、在各領域各行業表現出色、在融入美國社會的同時又能保持自身族裔文化的公民。

艾麗斯島位於紐約東河與赫德遜河（Hudson River）交匯處，與自由女神像相鄰，是歐洲早期移民進入美國的必經之路。自 1892 至 1954 年間，便約有一千二百萬名移民經這裏進入美國，在當今的美國人中，約有四成的人的先輩都與艾麗斯島有關，因此，艾麗斯島便代表著美國被視為一個移

MEET YOUR NEIGHBORS
Professor awarded Ellis Island medal

dwin Pak-wah Leung
7, Livingston

ducation

He attended the University of outhern California at Santa Barara as an international exchange tudent in 1972. Leung completed is doctorate and has been teachig at Seton Hall since 1978. He is he chairman of the Department f Asian Studies.

ccomplishment

Recently awarded the Ellis Isnd Medal of Honor for his outanding contributions to his ethic group, ancestral country, and the United States. This prestiious annual award is officially icognized by the United States overnment, with the names of s recipients listed in the Conressional Record.

romoting understanding

In the global society in which e live, Leung believes it is critiil different cultures understand ach other. "Tensions are created / lack of understanding. People ied to know more about each her," he said. Leung has romoted cultural exchanges beween the East and West by takg his students on exchange proims to China. "China has iened up the doors. There are a t of exchange programs," Leung ild.

In addition to exchange proims, Leung has been active in omoting Chinese culture within e United States. He has served i various Chinese American prossional committees, and was ie Founding Chair of the New rsey Chinese Cultural Studies oundation. He has also been on e planning committee for the atewide Chinese Festival.

SARAH RICE/FOR THE STAR-LEDGER

Helping his community

As co-director of the Bilingual Education Teacher Training Program at Seton Hall, Leung was able to secure federal funding to train a large number of Asian-American bilingual teachers for local school districts. These teachers can help new immigrant students from Asia transition to the United States.

In addition to helping Asian immigrants, Leung is also active in promoting Asian studies among American people. He has been the principal of the Livingston Chinese School, a weekend school with 220 students devoted to teaching culture and the Mandarin and Cantonese languages to students from Pre-K to Grade 9. Leung believes children should be exposed to language at a young age. He explains that as a British colony, Hong Kong was very inter-

national, and he was exposed to different languages while in kindergarten.

Renowned scholar and author

In addition to his work at Seton Hall and in the Asian American community, Leung has had professional affiliations with many other universities, including Columbia, Princeton, University of California at Berkeley and Los Angeles, The Chinese University of Hong Kong, Peking University and University of Tokyo.

The writer

Leung has published 17 books about modern Chinese history, and was awarded the CHOICE Outstanding Academic Book of 1992 for one of his books. He also has published numerous academic articles. Leung makes time in his schedule for all his work

and commitments by employing time management principles. "I am very disciplined," he said.

Taking a sabbatical

Leung left on a yearlong sabbatical from Seton Hall in September to travel through Europe and Asia, giving lectures and conducting research on a number of projects.

When not teaching or volunteering his time, Leung enjoys spending time with his family. He also enjoys gardening and photography.

Family

Wife, Vera; son, Immanuel.

— Ellen Coughlin

※ 新澤西州最大報紙 *Star-Ledger* 採訪及報導我獲頒艾麗斯島（自由女神）榮譽勳章的新聞

民國家的象徵。獲得過以該島命名的榮譽勳章的得主包括幾位美國總統（如尼克遜、福特、卡特、老布殊）、多位諾貝爾得主、國會參眾兩院領袖及最高法院大法官與各行各業的菁英等，華人得獎人中包括著名數學家吳健雄、世界著名建築師貝聿銘、電腦先鋒王安、舊任勞工部長及運輸部長趙小蘭等。就我所知，我這次獲獎，是首位華裔文化界及學術界人士獲此殊榮，我在欣喜之餘，更心存感恩，希望能繼續努力以赴，為中西文化的交流做更多的工作。

頒獎典禮就在艾麗斯島上舉行，儀式十分隆重，貴賓雲集，獲獎者從紐約曼克頓乘坐專船到達，有紅地毯鋪路至典禮會場，由美國海陸空三軍儀仗隊帶領進場，他們並在會場表演步操，步伐齊整而雄壯，場面十分感人。頒獎後並舉行盛大晚宴，更有特色的是在會後獲獎者被安排乘坐專船繞過自由女神像，在像旁更特別發放無數的煙花來慶祝，正是火樹銀花，燈光璀璨，照亮天空，與獲獎者胸前掛上的金光閃閃的自由女神像勳章互相輝映。回想起來，這真是我人生中的一次難得經歷，也令我感恩不盡。

我在西東大學教學工作四十年後，在 2018 年冬季學期末結束便宣告榮休，開始我的退休生活。四十年的努力，有著數不盡的回憶及懷念，也有著不少同道中人及追夢者在校內外與我並肩攜手合作及努力而付出的心血及流出的汗水，而在我退休的離別時刻，大家內心都充滿著無比的離情別緒，

※　在西東大學校史展覽會的典禮上與同事合照

依依不捨。大學給我舉辦了一個隆重的惜別晚會，出席的師
生、行政人員及校友個別與我擁抱或吻別，並送上鮮花及禮
物。在晚會上，我被邀致辭，作為我告別的榮休演說，在致
辭中，我說，作為一個資深教授及教育家，我在工作的崗位
上常心存「三愛」（Three Loves），即對學問的追尋要有無
比的「熱愛」，對同儕及員工要心存「摯愛」，而對學生要
給予他們無限的「關愛」。台下的人，對我說的「三愛」說
似有著強烈的共鳴及感受，演講後給我報以如雷的掌聲並站
立喝彩，令我感動也感恩不已。文理學院院長彼得・舒密
卡（Peter Shoemaker）更代表校方頒發長期服務優異獎獎牌

※ 在榮休晚宴上獲院長 Peter Shoemaker 頒發長期優異服務獎

給我，而新澤西州州政府也由前州長李察・柯迪（Richard Codey）代表給我頒發褒揚狀，表揚我多年來在學術及服務上的傑出表現，與及在促進中西文化交流上的貢獻。

大學退休後，我仍是退而不休，繼續出國講學，宣揚中華文化與促進中西文化交流及融合的理念，亦受邀再回西東大學客座任教小量研究院的課及指導學生論文，延續我深愛的教學工作至 2020 年。

在 2020 年，我獲西東大學在 Faculty Convocation 大會上頒發特任終身榮譽教授（Professor Emeritus）銜頭，Emeritus 在拉丁語是 excellent + meritorious，即優秀及有

※ 獲加拿大多倫多大學邀請作演講嘉賓，後與教授及來
　賓在晚宴時合照。

功績的意思，在我校是首次正式頒發這項退休教授的最高榮
譽，是一個終身成就獎，獲獎人是經大學高層及各級委員會
嚴格遴選而產生的，我獲頒殊榮是為表揚我在學術上的「卓
越成就及對大學與社會的特殊貢獻」。大學給予我的這個榮
譽，我是心存感恩的，各大報章亦有報導及給我專訪，同事
及友好也紛紛給我道賀。

　　我亦曾接受紐約市一個最受歡迎的中文電台 AM1480 的
專訪。這一小時的訪問，安排在一個名為「掌聲背後」的節
目中，用現場直播的形式進行，除了有兩位主持人的訪問
外，也歡迎聽眾直接打電話進來提問，務求使受訪者和聽

眾打成一片。「掌聲背後」這個節目主要是訪問一些成功人士，包括學術界或其他專業的人士，聆聽他們的心聲及成功之道，例如上次他們便訪問了大名鼎鼎的「神探」李昌鈺博士（Henry Lee），他是康州大學教授及全球知名的刑事鑑識專家。

在節目中，在回答主持人及聽眾的提問時，我表達了一些對成功之道的看法。我認為要達到成功，首先得要肯定「自我」，包括「自我」存在的價值及所發揮的作用。此外，就是要努力爭取及達到自己所追尋的目標（這些目標可以是一個高峰後再創另一個高峰），但卻不要事事與他人相比較，而是盡自己的所能去做，但求無愧於心。我更認為，要達到成功，一定要自我要求不斷提升自己的水平，挑戰極限，更要向成功人士借鏡，參考他們累積的經驗，來開創自己的道路及方向。我更相信，真正的成功人士絕大多數是逆境而上，排除萬難，而非永遠是一帆風順的，而唯有這樣才會有挑戰，才會有被他人學習的價值。可以說，成功是無數次失敗的累積，因為失敗是成功之母，但是卻要從失敗中汲取經驗避免再犯錯誤，爭取最後的成功。節目最後，主持人及聽眾們都給我報以掌聲及喝彩，又再一次令我感恩不已。

我知道，這半個世紀以來我走過的道路，是靠著我的理想與抱負來支撐著我勇闖下去，以傳薪為己任，義無反顧地勇往向前。我也感恩我的同事及同道中人在路上一直給我支

持及鼓勵，我們都是追夢及逐夢者，渴求夢境成真。我有著一個「中國夢」，也有著一個「世界夢」，夢想著復興中華文化及將其推向世界，渴望中國與世界同行，更渴求世界的和平與穩定，世界上的各民族及文化能夠互相欣賞、互相包容及互相尊重。

我的恩師是中國近代史的國際權威學者徐中約教授，在他那鉅著《近代中國的崛起》（*The Rise of Modern China*）一書中他這樣說：「到今天中國睡了兩百年後醒來，經濟開始很發達，如果社會、文化、政治都上去，中國將是世界一流強國。」在展望 21 世紀的中國時，他寫道：「中國的復興是有目共睹的。在步入 21 世紀之際，中國猶如一隻在涅槃中翱翔而起的鳳凰，處在一種自清代乾隆末期以來最良好的國際地位。」

在他的另一本在 1960 年便已出版的鉅著《中國進入國際大家庭》（*China's Entrance into the Family of Nations*）中，徐師便已做出如下的預言：「隨著新中國崛起為東亞地區最強大的國家，隨著其在朝鮮、越南及其他周邊國家影響力的日益增強，隨著東歐和亞洲國家和平代表團持續湧入北京，人們在思考『天朝』國家與過去的朝貢體系究竟會不會以某種現代的形式再出現。」

而我在三十年前便已撰寫、最近再版的一本書《近代中國外交的巨變》的結論中亦有如下的觀察：「…… 中國的領

導階層內心都期望：當中國再度富強起來的時候，便能像昔日一般在國際政治舞台上扮演舉足輕重的角色，『天朝中心的世界觀』始終沒有完全放棄，相反，變成了中國的新希望。」當然大前提是各民族、文化及國家都要互相平等對待。

東風再起之時，也是「中國夢」與「世界夢」開始再重疊發展之時，中學西傳，提供給世界一些維持和平與秩序的養分和指引，雨後的世界文化彩虹，不再是虛構的香格里拉式的世外桃源，而是全人類嚮往的一片永恆及和平之地，這個理想及目標，都是大家翹首以待的，希望這一天能夠快點來臨！也許有人會說這是很理想化的目標，但是沒有理想，又如何能推動人類文明的腳步？正如西諺所說：夢想若愈大，則奮戰要愈勇（Dream big, Fight hard），就像是中國要在世界重新再出發，就要努力迎難而上，奮勇向前。

今天的中國，在改革開放後迅速崛起，象徵著一個古老文明在海內外龍的傳人不斷的努力下再出發、再壯大，與世界接軌，把中華文化弘揚出去，也與西方文化交流互動，在全球化的浪潮下從「西學東漸」再到「中學西傳」。現在中文教學在全球遍地開花，「漢語熱」有增無減，漢語在不少歐美及其他國家的大中小學校內傳授，全球爭相學習，中文成為了十分受歡迎的國際語言，估計全世界五大洲學習中文的學員有一億五千萬人，需要五百萬位中文老師！中華文化的思想及儒家學說在矛盾及衝突頻仍的世界裏愈來愈受到西方

人士的重視，因此，中西文化的交流愈來愈朝著雙向往來的架構上發展，這種波瀾壯闊的中外文化交流及互動，實在是令人十分振奮。這是千載一時的黃金時機，把世界文明迎頭趕上，把中華文明弘揚出去，學人之長，補己之短，通過建築中西文化交流的橋樑，建設一個中西文化緊密聯合的世界文化彩虹聯盟，消弭文明之間的摩擦與衝突，海內外的華人更要抗拒一切的阻力，聯合起來去肩負此重要的使命！

在前進的道路上我們並不孤單，因為在世界上有著很多同道中人，與我們一起努力奮鬥，去爭取各民族文化的平等及世界和平。孫中山先生畢生致力於國民革命，追求民主及自由與平等，發揚博愛精神，更不忘倡導振興中華及促進世界大同。在國際上，1955 年在赫爾辛基成立的世界和平理事會（World Congress of Peace）更是致力聯合世界上的力量去爭取和平，在成立大會的宣言上，除明示目標為止戰促和之外，更主張推行孔子仁愛哲思於世界。世界和平理事會的大會每數年舉辦一次，2015 年更在上海舉行，而世界各地也有分會去擴大及推行和平力量，致力發展和平道路，為萬世開太平。

道路是漫長的，也是困難重重的，但大家若能從自己做起，做一個世界和平使者，進行人民友好外交，則世界將會有一個更美好的將來，人類可以一起共晉福祉，造福自己及後人。香港有一首歌的歌詞，是我內心的寫照，現於這裏

與大家分享，一起去發揚這個迎難而上的精神：「昂然踏著前路去，追趕理想旅途上，前行步步懷自信，風吹雨打不退讓，無論我去到哪方，心裏夢想不變樣，是新生，是醒覺，夢想永遠在世上 …… 儘管一切是狂想 …… 奔向目標不退讓 …… 」的確，人如果沒有夢想，世界哪裏還會有進步？感恩有您！

附錄

附錄一：

東學西漸，緣分天成：訪艾麗斯島（自由女神）榮譽
勳章獲得者梁伯華教授

鄒興睿

「希望通過學習亞洲系課程，以及接觸在社區推廣的傳統
文化，讓下一代美國人能更好地認識亞洲的歷史和文化，潛
移默化地改變他們以往那些不正確的認識，改變那些誤導和
偏見，讓他們對華人和亞洲有一個全新的觀念。」

2007 年度艾麗斯島移民榮譽獎獲得者，西東大學亞洲學
系主任梁伯華（Edwin Leung）這樣講述自己推廣亞洲文化
以及促進中西文化交融的感受。1978 年梁伯華教授二十七歲
進入西東大學，從業二十九年一直致力於亞洲文化及華人傳
統的推廣，不管是專業教學領域，還是多元化講學，社區活
動文化推廣，懷著佛家平常心的他一直努力去做，從未間斷
也一向不遺餘力，並將此看作生命中最有意義的事情。從未
求什麼回報的梁伯華未想到會獲得這代表至高榮譽的獎項，
他也是獲得該獎項的首位學術界的華裔代表。信奉一個緣字
的梁伯華說這可能都是無心插柳，努力去做了才有這樣的機
會，這樣的緣分。

梁伯華將於 5 月 12 日赴艾麗斯島接受頒獎。該獎項由美國全國族裔聯盟在 1986 年設立，每年將獎狀頒發給在各領域各行業表現出色，在融入美國社會的同時又能保持自身族裔文化的美國公民。艾麗斯島移民榮譽被認為是美國各行移民成就最高榮譽，是為慶祝自由女神像設立一百週年而設，每年頒發一次，獎勵有傑出貢獻的各族裔移民。獲得這個獎項的包括多位總統，以及列入世界名人錄的各族裔菁英人物。

（一）著作多元高產在於時間管理和不懈努力

新州人對梁伯華不陌生，平常在各種各樣的活動中常看見他的身影，大小報章雜誌也常看到他各領域的作品。謙謹溫和，但堅強執著是梁伯華給很多人的印象。來自學術界的他帶著文人儒雅的氣質，但在專業領域中他的大部頭包羅萬象，令人懷疑那是一位不停衝鋒陷陣的將軍才能完成的。其中不僅有歷史詞典，也一樣有著為青年勵志的叢書，更橫跨歷史、政治、外交、經濟、教學等各個領域。不僅著書近二十部，更有幾十篇學術論文，還在不同時期擔任《東西風》、《漢新月刊》及美國、香港等雜誌的專欄作家，更是發表了幾百篇涉及面廣泛的散文雜文。

專著《中國革命歷史詞典》被 *CHOICE* 期刊評為 1992 年年度「最佳學術著作獎」。《近代史精要》、《中國近代政治領

袖》、《近代中國外交的巨變》等書，讓梁伯華在歷史、政治及外交方面加力，成為這些領域的專家。而他在經濟學及國際商業貿易等方面的著述一度成為浙江大學和香港理工大學國際企業培訓中心企業管理學高級文憑的教材，此外，關於美國大學升學指南，及獎學金手冊方面的輔導書更在兩岸三地成為暢銷讀物。而身為新州史維會會長的梁伯華目前撰寫的張純如傳記也將付印，這也將是有關張純如的第一本完整書籍。

其實校務繁重的教授多有體會，時間比什麼都顯得寶貴，既能兼顧教學和系主任工作，還熱心社區文化及公益的梁伯華，有什麼秘訣既能著作多元而又高產呢？

一直謙虛的說自己比較幸運的梁伯華，說如果有什麼秘訣的話，應該是自己在時間的管理上比較成功，因為有太多的事要顧及，也有太多的工作等著自己，更有許許多多的跨系講學客座講學，也擔任各種各樣的社區文化教育活動。他這二十多年來一直不停的修正和改進自己對時間的利用，不停尋找最快最有效的方法，也給自己壓力去同時適應各種角色，時間的優化利用讓他比別人更有條理，也更有規律和成就。

如果說還有秘訣的話，也許是他執著的性格和專業的精神，也許如他所說不希望忙忙碌碌，到最後沒有留下什麼，所以二十九年來一直沒有懈怠過。不停的在各個領域學習新

知，為自己補充各種知識，勤奮換來的是不斷為自己升值，把很多文化領域融會貫通。勤力的他很多時候每天只睡五個小時，身體一直透支，不過他笑說身體康健，夫人梁張德華也始終支持自己的工作。他不僅踢過球，練過柔道，現在還是拿執照的瑜珈教師，甚至暑期還給學生們開了門「禪與瑜珈」這樣亞洲味道十足的課程，博學多才又用平易的方式把所學和生活結合起來，令人難以想像的同時佩服有加。

（二）學術和管理上的遠見不斷帶來拓展

2002 年，由於出色的工作和卓著的成績，梁伯華被任命為亞洲學系系主任。有著管理學位的他更充分發揮所長，不過不僅一點也沒耽誤以往的教學和不斷發表的洋洋灑灑的專著，更推廣了和中國大學的教授交流、學生互動，還富有遠見地在新澤西率先開設漢語教學及漢語教師資格培訓等，即將到來的暑假他也還和往常一樣要親自帶學生去中國做交流，「讓他們親眼看見亞洲，看見現代中國，讓真正的亞洲文化從他們的眼睛走進他們的心。」

謙虛的梁伯華就像一直強調自己從業二十九年而不是三十年一樣，一直提到西東大學有一百五十年的歷史，亞洲學系也是五十年前開辦，在美國比較早，奠定了很好的基礎。其實他從香港中文大學畢業後，到加州大學讀書時就一直擔任助教工作，實際經驗早就超過三十年了，而他不僅在

擔任亞洲學系主任後推廣了很多實質性的文化交流工作，和武漢大學、對外經貿大學、寧波大學等有多項教授交流、學生互動的項目，還發展了一個 "June in China" 的項目，讓很多學生去中國眼見長城故宮，體會現代亞洲的飛速發展，很多學生反響十分強烈，「眼見他們的改變，在心裏播下亞洲的種子」。此外他們還和亞洲很多國家，如日本、韓國等地有相當多的交流和講學活動。

在管理上有不少真知灼見的梁伯華，還參與創辦了西東大學外交學院雙學位課程。亞洲學系廣為華人社區所知的漢語教學培訓項目，就是他們敏銳地抓住行業動態，在新州高中漢語教師將面臨大幅增長前率先推出的，現在廣受歡迎。提到這點梁伯華沒有過多講這個項目如何受歡迎，而是感觸漢語現在像三四十年前日語在美國流行的樣子，這一切都和世界潮流有關，而世界潮流其實就是你國家的發展和強大。

梁伯華提到，作為一個少數民族，如何去帶領亞洲學系發展，如何領導系裏來自各個族裔包括美國本土的教師，都是一門學問，同時也有著很多的空間去發展。在管理上他不僅尊重每一位老師的工作，並和他們在管理和教學上都相處得非常融洽，感情的交流帶來良好的人際關係，他也希望亞洲學系可以因此在業務和發展上不斷拓展，建立中西文化的橋樑和平台，更好地宣傳和推廣亞洲文化，促進交流。

（三）東學西漸 緣分天成

　　一向有著祖國情結的梁伯華從不諱言自己的民族和背景，他說只有認同自己的文化、自己的根，才能讓別人認同作為少數族裔的你，而這也是他在教學和社區文化推廣中以身作則致力奉行的。

　　作為亞洲文化研究學術領域走在前列的亞洲學系主任，梁伯華一向和別人先強調他的華人身份，並從來不把他在學校的成就看得很重，他總是說這還不夠，這就是他不管多忙，為什麼還堅持了二十幾年在亞裔及華人社區中不斷參與活動，他參與創辦了海外香港協會華研基金會、中美醫學及科技基金會、美華專業人士協會等非盈利團體，很多都曾擔任會長等職務，在李文斯頓中文學校任校長期間，創辦了第一個粵語班，直到目前還在服務粵語家庭。現在他擔任新州史維會會長，並在多家文化團體義務任職。

　　細細審視得知梁伯華所參與的文化活動團體，都是和文化與教育有關的，他說這是自己冥冥中的選擇吧。在社區活動中推廣並促進文化交流，建立中西橋樑，這是他從來到美國那天起就希望也一直在做的事。此外，梁伯華一向倡導華人在海外要團結，不管中港台都是一個民族，他說這其實也是「華人文化的一個體現」，只有這樣才能促進更好地和西方文化交流融合，同時提高華人的地位和民族感。這種團結的民族感和民族認同教育同時也能讓下一代孩子更好地同時接

受東西方文化，健康成長，成就未來，並更好地認同自己、發展自己。

梁伯華說，時如今日，亞洲文化和華人傳統已經不斷地滲透到西方，而教學廣泛涉及文化、歷史、教育和國際商貿的他，深深地感受到以往的「西學東漸」，已經潛移默化地變成「東學西漸」，不管是漢語熱、中國風、佛教，還是印度的瑜珈，甚至日本的現代管理，都開始成為西方炙手可熱的流行時尚，這些都說明著中西文化交流已經到了一個非常不同的階段，東方文明已經開始同化西方，這令人十分欣慰，也更應當以自己的文化自豪。

一頭扎進美國，也一頭扎進亞洲文化教學和交流。這麼多年都自豪地用華人身份致力於打造中西文化橋樑，如今獲得艾麗斯島移民榮譽獎，信佛的梁伯華說這些都是自己的緣分，沒有強求，就如一直埋頭做著東西文化交流的工作，多少年過去抬頭看見東學西漸的景象，是一種緣分一樣，可遇不可求。

梁伯華的教學樓裏貼著美國孩子練中國武術的照片，這裏多年舉辦中國春節聯歡和其他亞洲節日慶典。想著那句東學西漸，不知為什麼眼前就浮現出前一陣新州學區委員競選中很多美國人把亞裔教育、多元教育，甚至漢語教育掛在嘴邊，同時耳邊響起洋腔洋調的美國中文，其中還有不少是當地州府市府官員的問候聲，想著這些應該都是其中一部分

吧，希望梁伯華教授所說的東學西漸在這裏漸入佳境，中西的融合就看得見摸得到了。

（原載美國《多維時報》，2007 年 5 月 11 日）

附錄二：

揮一抹文化彩虹：訪「世界傑出中大人」梁伯華教授

中大素以「結合傳統與現代，融會中國與西方」為創校使命。在校生活雖寥寥數年，學生受師長耳濡目染，亦自覺應以此為職志。作為研究中國近代外交史及國際關係的學者，梁伯華（72 聯合歷史）明白到中國所承受的屈辱與苦難，即使身處海外，他對國家、民族的熱愛與承擔，依然無時或忘，身體力行，發揚創校使命。

「釣魚島主權屬哪國所有？」時值 70 年代初，保釣運動正鬧得沸沸揚揚；當時正身處日本領事館欲申請文部省獎學金赴日深造的梁伯華突面對此面試問題，卻堅定地回答：「中國」。對信念的堅持與執著，也是梁伯華一直秉持的治學態度。因緣際會，其後他在中大與美國加州大學交流計劃中，由於表現優秀，獲發獎學金，赴美留學，完成深造後就在西東大學（Seton Hall University）任教，晃眼四十年。

即使身在他方，但梁伯華卻仿似從未遠離中國，以及中華文化：在學時修讀歷史，研究中國外交史以至外交關係，牽涉研究中國政治、文化、軍事、教育、商業等範疇。梁伯華說：「綜觀近二百年中國的歷史發展，諸如鴉片戰爭、中國

各種不平等條約，以至日本侵華、南京大屠殺等，那實為中華民族在外力衝擊下掙扎自強的奮鬥史！在屈辱中，她不斷尋求新的發展方向，而近年中國的崛興，則可說是經歷傷痛後奮發的結果。」他指出，研究歷史須宏觀地分析整個系統，了解傳統文化如何結合現代社會發展，由此思考如何走出新的道路。

正如香港曾為英國殖民地，她對傳承中華文化，並促進中西文化交流，有一定角色一樣，梁伯華指海外華人，亦有類似的責任：「例如華人可作為國民外交，即使已成為美國公民，華人也可藉與本地人交往，展現中華文化的優點，讓他人了解我們的文化。此外，他們亦可把子女送到中文學校，傳承中華文化，同時接受西方教育。」面對全球化的衝擊，梁伯華認為，理想的狀況是世界各種文化能夠像彩虹般成為聯盟，各有自己的顏色（特色），又能與別國的文化並存，共同展現美麗的姿采。

父親曾經歷抗戰動亂，梁伯華坦言對中華文化總懷有一份使命感與責任感：「我希望能發揮所長，藉學術研究，對社會、國家、世界有所貢獻。我們對中西文化扮演著橋樑的角色，在彼邦藉文化交流的工作，化解不必要的衝突，促進世界和平。」這種融會中國與西方文化的精神，正演繹著中大的使命。在西東大學，梁伯華積極推動雙語教學，擴充亞洲課程，創辦「中國語言及文化教學」碩士學位課程，舉辦該

校與香港及內地大學交流計劃；亦曾擔任一所中文學校的義務校長，使在美土生土長的華僑學生學習中文；創辦中華文化研究基金、中美醫學及技術基金會等，加強中美各方面合作，成績備受肯定。在 2007 年他更獲頒「艾麗斯島榮譽勳章」，表揚他的貢獻，曾獲此獎的人士包括前美國總統如尼克遜、克林頓等。

在眾多學術文化的服務中，不得不提的是梁伯華在新澤西州抗日戰爭史實維護會（下稱「史維會」）的工作。「美國的教科書，有篇幅講述德國人如何殺害猶太人的歷史，但日本侵華，屠殺中國人的歷史，卻鮮有提及。史維會遂編製教材，讓美國的學生多了解那段歷史。此外，我們亦籌款資助美國公立學校的教師，前往中國的南京大屠殺紀念館參觀，以及在『七七事變』等日子，舉辦紀念活動，做歷史教育的工作。」梁伯華期望日本有天能向中華民族道歉，也是對戰爭死難者的一個交代。

回首當年在學的日子，梁伯華感受最深的，是中大人那份互相關懷的真摯感情。「在學時我曾參加爭取中文成為法定語文運動及保釣運動。為鼓勵學生多寫作投稿，在擔任聯會書院歷史學會會長期間，我們更辦《史潮》及《歷史學報》等刊物。系內王德昭教授嚴謹的治學態度，對我的影響至深。李定一教授強調研究歷史，要有『史德』。他以『史』字的甲骨文，即一隻『手』持著『中』字（𠂤）來展示對歷

※ 帶領美國學生訪問中國，在北京天安門合照留念。

史要客觀、持平的態度。他確是很有個性的歷史學家！」說時他仍不免流露對昔日青蔥歲月的一份嚮往與珍惜之情。

　　梁伯華為聯合書院擔任學長十多年，學弟妹給他的印象是：優秀、聰敏。他期望同學能秉持大學生的責任，成為有社會良知的人。他強調，若能執著理念（persistence）並配合良好的時間管理，同學定能學有所成。

梁伯華小檔案

1972 年	香港中文大學文學士
1974、1978 年	美國加州大學碩士、哲學博士
1978 年至今	美國西東大學（Seton Hall University）亞洲學系講座教授、系主任；亞洲（中、日、韓文）雙語教學課程總監及亞洲研究所所長；並兼任中美多所大學訪問／客座教授
1989 至 1991 年	李文斯頓中文學校（Livingston Chinese School）校長
1986 年至今	美國華人專業人士協會會長、美中醫學及技術基金會行政會長、中華文化研究基金創會主席、李文斯頓華人協會會長、新澤西州抗日戰爭史實維護會主席、新澤西州華研基金會主席等
曾獲獎項包括：美國艾麗斯島勳章（Ellis Island Medal of Honor）、亞美專業成就優異獎、ACPSS 傑出學術出版獎、西東大學 Researcher of the Year Award 等。著作有：*Managing China's Modernization*; *Essentials of Modern Chinese History*; *The A-Z of the Chinese Civil War*; *Historical Dictionary of Revolutionary China*; *Political Leaders of Modern China*；《近代中國在世界的崛起》；《正義的天使張純如》；《近代中國外交的巨變》等共三十本。	

（原載香港中文大學《中大校友》第 74 期，2013 年 6 月）

附錄三：

梁伯華教授退而不休，繼續為中西方文化交流做貢獻

古銳思

2018 年的夏天，在美國西東大學（Seton Hall University）裏，舉行了一盛大的歡送晚會。梁伯華，美國西東大學教授，在任教四十年後，正式在這個暑假退休了。共事多年的同事及學生都依依不捨。

四十年，在這漫長的時光中，梁伯華教授除了學術與行政工作及出版三十本專書外，還長期為華人社團及新州社區與美國社會服務，盡心盡力。獲頒艾麗斯島傑出貢獻勳章及多個團體及大學的表揚與頒獎。此外，也經常在美國及亞洲與世界各地演講及教學，可說是桃李遍天下。在中西方文化交流上做出了重要貢獻。

梁伯華教授出生於香港，1972 年獲香港中文大學文學士，1974、1978 年獲美國加州大學碩士及哲學博士。畢業後歷任美國西東大學亞洲學系講座教授、系主任、亞洲（中、日、韓文）雙語教學課程總監及亞洲研究所所長；並兼任中美多所大學訪問／客座教授。創辦華研基金、史維會、香港會、美華專業人士協會、中美基金會等組織。1989 至 1991

年任李文斯頓中文學校（Livingston Chinese School）校長，1986 年至今任美國華人專業人士協會會長、美中醫學及技術基金會行政會長、中華文化研究基金創會主席、李文斯頓華人協會會長、新澤西州抗日戰爭史實維護會主席、新澤西州華研基金會主席等。

近日，梁伯華教授接受記者採訪，就記者提問進行以下回答：

記　　者：您在西東大學任教四十年的感想及最難忘的事情是什麼？

梁教授：作為一個工作多年的資深教授，我最大及最深的感想是要全情投入教學及研究的工作，才會把工作做得最好，這是對工作的熱誠及尊敬，並且要持之有恆，否則只能作一個教匠而已，缺乏成就感。

另一感想是除了學術工作外，教授應要衝出象牙塔，參加社會公益活動，以所學及所長來回饋社區，盡可能服務僑胞及全人類。

而最難忘的莫過於那些恆久的師生情誼。這種師生情誼，也是老師們所有的一種滿足感及成就感，特別是我這麼多年來教導過無數的學生，真的是桃李遍天下！

記　者：您出版的三十本專業書中，請列出三至五本書名，哪本書印象最深刻，當時創作的動機是什麼？

梁教授：出版的三十本著作中，大部分是英文的，也有數本用中文撰寫，其中若干本還獲得獎項，例如：*Historical Dictionary of Revolutionary China*（《中國革命歷史辭典》），是一本參考性的工具書，厚厚的一本，內容十分豐富，詳述中國百多年來革命歷史發展，出版後獲權威專業期刊 *Choice*，評選為當年的 Outstanding Academic Book。

《正義的天使張純如》，這是《南京大屠殺》一書美華女作家張純如自殺後我替她撰寫的一本傳記，將她的正義精神介紹給讀者，並教育年輕的一代。這書獲北美人文及社會科學華人教授協會頒發 Creative Writing Award。

其他獲獎的作品還有：*Historical Dictionary of the Chinese Civil War*（《中國內戰歷史辭典》）；*The Quasi-War in East Asia: China's Dispute with Japan over the Ryukyu (Liuqiu) Island and it's Global Implications*（《東亞的擬似戰爭：中日琉球爭端及對全球的影響》）及 *Essentials of Modern Chinese History*（《近代中國史精要》）等。

記　　者：您四十年來一直為華人社區及新州社區與美國社會服務，在創辦基金會、協會期間，擔任主席、會長及校長期間遇到過最難的事情是？

梁教授：服務僑胞我認為比較困難，但也一定要做得好的，就是要團結他們，特別是要中港台及亞洲各地來美的華人團結一致，而不要因地緣的不同而分化力量，因此我的理念是在海外的華人要團結一致，因為我們在美國已經是少數民族了，不應再削弱自己的力量。另一困難的事是如何分配自己的時間去服務社會而又不影響自己的專業工作及家庭。因此，時間管理一定要做得好，計劃周詳，才能各方面兼顧。

記　　者：用簡短的句子，描述自己的個性以及給年輕人的座右銘。

梁教授：我是有一個可動又可靜的個性，因此可以靜著埋首撰寫書稿，但又可主動與社會交往及投入服務。我是較知道如何善用時間，知道時間管理的好處而不浪費寶貴的光陰。此外，還得要有好的組織能力去分配及處理工作，以發揮最大的效用去做有建設性的事，但在過程中要平衡 I.Q. 與 E.Q. 兩者之間的取向，否則會影響後果。我給年輕人的成功座右銘是：努力＋時間管理＋組織能力＋恆心及進取心。

記　者：您退而不休。那麼您準備做哪些事情？

梁教授：退休後除了要照顧好自己身體的健康外，我仍會繼續寫作及往各地作演講及學術交流，而在適當的時間及情況下，還會繼續服務社會，目前我仍是若干社團的榮譽會長或顧問，因此在健康情況許可下，永不言休。

　　梁伯華教授的終身奉獻，獲得社會大眾的推崇。梁伯華教授現在雖然從西東大學退休了，但他的傳播中西方文化的使命還在繼續。

（原載美國新州《漢新月刊》2019 年 1 月號）

附錄四：

梁伯華教授中英文主要著作一覽表

一、中文著述

（一）著作類

1. 《近代中國外交巨變與中西交流》，澳門：啟蒙時代出版社，2021 年。

2. 《世界現代化報告：首屆世界現代化論文集》（合編），北京：科學出版社，2014 年。

3. 《中大人在美東》（合編），香港：天地圖書有限公司，2010 年。

4. 《正義的天使張純如》，武漢：湖北人民出版社，2010 年。

5. 《全球化下中西文化的交流：回顧與前瞻》，澳門：澳門理工學院，2008 年。

6. 《近代中國在世界的崛起》，武漢：武漢大學出版社，2006 年。

7. 《複製成功的魔法》，香港：匯訊出版有限公司，2003 年。

8. 《中大人在紐約 —— 香港中文大學美東校友會千禧文集》（合編），香港：天地圖書有限公司，2001 年。

9. 《順逆境自強》（合著），香港：天地圖書有限公司，2000 年。

10. 《國際商業貿易》（浙江大學／香港理工大學國際企業培訓中心），香港：香港理工大學，1999 年。

11. 《經濟環境》（浙江大學／香港理工大學國際企業培訓中心），香港：香港理工大學，1998 年。

12. 《抗戰勝利五十週年國際研討會論文集》（合編），台北：國史館，1997 年。

13. 《近代中國外交的巨變 ── 外交制度與中外關係的研究》，台北：台灣商務印書館，1991 年。

14. 《近代中國外交的巨變 ── 外交制度與中外關係變化的研究》，香港：商務印書館（香港）有限公司，1990 年。

（二）中文論文

1. 〈印象·武漢：三十載文化之旅〉，余濟美、張雙慶編：《文化生態之旅》，香港：香港中文大學聯合書院，2015 年，第 619-625 頁。

2. 〈龍在海外的身影：走訪美國的華人與文化〉，余濟美、張雙慶編：《行走的愉悅》，香港：香港中文大學聯合書院，2013 年，第 689-600 頁。

3. 〈翱翔美洲的春夏秋冬〉，張雙慶、危令敦編：《情思滿江山 天地入沉吟》，香港：香港中文大學聯合書院，2008 年，第 428-439 頁。

4. 〈台灣事件的真相與中日琉球爭端的翻案〉，李金強等編：《我武維揚：近代中國海軍史新編》，香港：香港海防博物館，2004 年，第 222-231 頁。

5. 〈璀璨多姿的中國多元文化〉，《李文斯頓中文學校二十週年校慶特刊》（2003 年）。

6. 〈華人的全球意識 —— 中西文化整合的反思〉，《人文論叢》（2002 年），第 125-129 頁。

7. 〈一個香港人在北京 —— 北大講學隨想〉，《海外香港協會會刊》（2002 年）。

8. 〈學術大觀園隨想〉，梁伯華等主編：《中大人在紐約》，香港：天地圖書有限公司，2001 年。

9. 〈九一一的文明衝突震撼〉，《中大校友》第 28 期（2001 年 12 月）。

10. 〈容閎的西學與中國的現代化〉，吳汶萊主編：《容閎與中國近代化》，珠海：珠海出版社，1999 年，第 307-322 頁。

11. 〈李鴻章和琉球爭端，1871-1881 年〉，劉廣京、朱昌崚合編，陳絳譯校：《李鴻章評傳》，上海：上海古籍出版社，1995 年，第 198-214 頁。

12. 〈中國首批官費留學生：廣東的「留美幼童」〉，鄭良樹主編：《潮州學國際研討會論文集》（下冊），廣州：暨南大學出版社，1994 年，第 763-774 頁。

13. 〈教授夢・我的夢〉，《中大美東校友通訊》創刊號（1994年 11 月）。

14. 〈歐美學者對容閎與留美幼童研究的成果〉，《社會科學動態》（1989 年 10 月），第 39-41 頁。

15. 〈中外學者對「留美幼童」研究的成果〉，《六十年來中國近代史研究》（下冊），台北：中央研究院近代史研究所，1989 年，第 719-729 頁。

16. 〈學人專訪 —— 郭穎頤教授〉（合著），《漢學研究通訊》卷七第三期（1988 年 9 月），第 148-152 頁。

17. 〈台灣事件與琉球問題的關係〉，黃康顯主編：《近代台灣的社會發展與民族意識》，香港：香港大學校外課程部，1987 年，第 237-251 頁。

18. 〈容閎的西學與洋務〉，《中國文化研究所學報》（香港中文大學）第十六卷（1985 年），第 43-52 頁。

19. 〈歷史論文的寫作（整理王德昭教授演講）〉，《王德昭教授史學論集》，香港：《王德昭教授史學論集》編輯委員會，1985 年，第 52-58 頁。

20. 〈王德昭教授與近代中國史研究〉，《中報月刊》總第 40 期（1983 年 5 月），第 88-89 頁。

21. 〈悼念德昭師〉，《史潮》新刊號第八期（1982 年 11 月）。

22. 〈書評：Michael Gasster, *Chinese Intellectuals and The Revolution of 1911: The Birth of Modern Chinese Radicalism*〉，《歷史學報》第二期（1973 年 5 月）。

23. 〈辛亥革命與新軍 —— 關於革命份子獲取軍力的途徑與辛亥革命成敗之關係〉，《史潮》第八期（1973 年 1 月），第 1-3 頁。

24. 〈洋務運動期間滿清外交政策轉變的審権〉，《史潮》第七期（1971 年 10 月），第 7-24 頁。

25. 〈追求中國現代化 —— 談近代中國知識份子的思想傾向〉，《聯合學生報》第 55 期（1971 年 6 月）。

26. 〈論中國的傳統政體 —— 中外學者對中國傳統政體是否專制的論爭〉，《史潮》第五、六期合刊（1970 年 8 月），第 16-21、35 頁。

二、英文著述

(A) Books / Monographs:

1. (Author) *The Quasi-War in East Asia: China's Dispute with Japan over the Ryukyu (Liuqiu) Islands and its Global Implications* (Paramus, NJ: Homa & Sekey Books, 2016)

2. (Co-editor) *Global Modernization Review: New Discoveries and Theories Revisited* (Singapore: World Scientific, 2015)

3. (Co-author) *Historical Dictionary of the Chinese Civil War*, 2nd edition (Lanham, MD: Scarecrow Press, 2013)

4. (Author), *Managing China's Modernization: Perspectives on Diplomacy, Politics, Education, and Ethnicity* (Paramus, NJ: Homa & Sekey Books, 2011)

5. (Author), *The A to Z of the Chinese Civil War* (Lanham, MD: Scarecrow Press, 2010)

6. (Author), *Essentials of Modern Chinese History* (Piscataway, NJ: Research and Education Association, 2006)

7. (Editor), *Political Leaders of Modern China* (New York: Greenwood Press, 2002)

8. (Author), *Historical Dictionary of the Chinese Civil War* (Lanham: Scarecrow Press, 2002)

9. (Editor-in-chief), *Our New York Experience* (Hong Kong: Cosmos Books, 2001)

10. (Co-editor), *Papers of the International Corference on the 50th Anniversary of the War of Resistance* (Taipei: Academia Historica, 1997)

11. (Co-editor), *Modern China in Transition: Studies in Honor of Immanuel C. Y. Hsu*(Claremont, CA: Regina Books, 1995)

12. (Editor), *Historical Dictionary of Revolutionary China, 1839-1976* (New York: Greenwood Press. 1992) (CHOICE Outstanding Academic Book of 1992)

13. (Author), *Adaptability of the Chinese Immigrant Students: Issues of Language and Culture* (Montclair, NJ: Global Learning Inc, 1989)

14. (Editor), *China and the West: Studies in Education, Nationalism, and Diplomacy*, Special volume of *Asian Profile*, 16.5 (October 1988)

15. (Editor), *Ethnic Compartmentalization and Regional Autonomy in the People's Republic of China.* Special volume of *Chinese Law and Government* XIV.4 (Winter 1981/82)

(B) Articles

1. "Prelude to the Diaoyutai Dispute: Chinese-Japanese Controversy over the Liuqiu Islands as seen from an International System-change Perspective," Yufan Hao and Bill Chou, eds. *China's Policies on its Borders and the International Implications* (Singapore: World Scientific, 2011), 117-136.

2. "Liuqiu Islands," David Pong, ed., *Encyclopedia of Modern China* (Detroit: Gale Cengage Learning, 2009), 522.

3. (Co-author) "Developing China's Market Economy," *Business Opportunities Journal* (Fall/Winter 1994), 50.

4. "Li Hung-chang and the Liu-ch'iu (Ryukyu) Controversy, 1871-1881," in Kwang-ching Liu and Samuel Chu (eds.) *Li Hung-chang and China's Early Modernization* (Armonk, NY: M.E. Sharpe, 1994), 162-175.

5. "Transition from De-ethnicization to Re-ethnicization: The Re-emergence of Chinese Ethnic Identity and the Birth of a New Culture in Hong Kong prior to 1997," in *Hong Kong in Transition* (Hong Kong: One Country Two Systems Economic Research Institute, 1993), 594-603.

6. "Book Review: Pat Howard, Breaking the Iron Rice Bowl: Prospect for Communism in China's Countryside," *Asian Thought and Society: An International Review* XV.44 (May 1990) ·333-334.

7. "Chiang Kai-shek, 1897-1975," in *Read More About It: An Encyclopedia of Information Sources on Historical Figures and Events* (Ann Arbor: The Pierian Press, 1989), 112-113.

8. "China's Decision to Send Students to the West: the Making of a 'Revolutionary' Policy," in Edwin Pak-wah Leung (ed.) *China and the West: Studies in Education, Nationalism and Diplomacy*, special volume of *Asian Profile* 16.5 (Oct 1988), 391-400.

9. "The Making of the Chinese Yankees: School Life of the Chinese Educational Mission Students in New England," in Edwin Pak-wah Leung (ed) *China and the West: Studies in Education, Nationalism and Diplomacy*, special volume of *Asian Profile* 16.5(Oct 1988), 401- 412.

10. "The First Chinese College Graduate in America: Yung Wing and his Educational Experiences," in Edwin Pak-wah Leung (ed.) *China and the West: Studies in Education, Nationalism and Diplomacy*, special volume of *Asian Profile* 16.5 (Oct. 1988), 453-458.

11. "Central Authority vs. Regional Autonomy: The Inner Mongolian Autonomous Movement and the Chinese Response, 1925-1947," *Journal of Oriental Studies* XXV. 1 (1987), 49-62.

12. "From Prohibition to Protection: Ch'ing Government's Changing Policy toward Chinese Emigration," *Asian Profile* 14.6 (Dec. 1986), 485-491.

13. "Educating China's Minority Nationalities: Integration through Ethnicization," *Proceedings of the 8th International Symposium on Asian Studies* Vol. II (1986), 309-310.

14. "Book Review: Jane Leonard, Wei Yuan and China's Rediscovery of the Maritime World," *China Quarterly* 108 (Dec. 1986), 736-737.

15. "Book Review: Kay Ray Chong, Americans and Chinese Reform and Revolution, 1898-1992: The Role of Private Citizens in Diplomacy," *Pacific Historical Review* (May 1986), 328-329.

16. (Co-author), "Chiang Kai-shek," in *Funk and Wagnalls New Encyclopedia*, Vol.6 (1985), 110-111.

17. "Book Review: Michael Hunt, The Making of a Special Relationship: The United States and China to 1914," *China Quarterly* 98 (June 1984), 367-368.

18. "Education of the Early Chinese Students in America," in Jenny Lim (ed.) *The Chinese American Experience* (San Francisco: The Chinese Historical Society of America and the Chinese Culture Foundation, 1984), 203-210.

19. "To Americanize China: the Career of Yung Wing," *Proceedings of the Sixth International Symposium on Asian Studies*, (Hong Kong: 1984), 257-267.

20. "The Quasi-War in East Asia: Japan's Expedition to Taiwan and the Ryukyu Controversy," *Modern Asian Studies* (Cambridge University) 17.2 (April 1983), 257-281.

21. "The Quest for an Education in America: Chinese Students' Legal Battle and the Supreme Court's Decision," *The Courier: Journal of International Affairs 11.2* (Spring 1983), 22-26.

22. "China's National Minorities," *Endeavors* (Seton Hall University) 1.1 (Spring 1983), 19-20.

23. "China's Quest from the West: the Chinese Educational Mission to the United States, 1872- 1881," *Asian Profile* 11.6 (Dec. 1983), 527-534.

24. "Review Article: The Politics of Chinese Communism during the Kiangsi Period," *Asian Profile* 7.4 (Aug. 1979), 389-393.

25. "General Ulysses S. Grant and the Sino-Japanese Dispute over the Ryukyu Islands," *Proceedings of the First International Symposium on Asian Studies*, Vol. II (1979), 421-449.

26. "Book Review: Michael Gasster, Chinese Intellectuals and the Revolution of 1911: the Birth of Modern Chinese Radicalism," *History Journal* (Hong Kong) 2 (May 1973), 25-28.

策劃編輯		梁偉基
責任編輯		張軒誦
書籍設計		吳冠曼
封面題字		陳德恆

書　　名		東風再起時：我半世紀的美國學術與文化之旅
著　　者		梁伯華
出　　版		三聯書店（香港）有限公司
		香港北角英皇道 499 號北角工業大廈 20 樓
		Joint Publishing (H.K.) Co., Ltd.
		20/F., North Point Industrial Building,
		499 King's Road, North Point, Hong Kong
香港發行		香港聯合書刊物流有限公司
		香港新界荃灣德士古道 220-248 號 16 樓
印　　刷		寶華數碼印刷有限公司
		香港柴灣吉勝街 45 號 4 樓 A 室
版　　次		2021 年 5 月香港第一版第一次印刷
規　　格		大 32 開（140 × 210 mm）320 面
國際書號		ISBN 978-962-04-4785-3

© 2021 Joint Publishing (H.K.) Co., Ltd.

Published & Printed in Hong Kong